초등 저학년 읽기다운 읽기

저자 이은미

중앙대학교에서 국어국문학을 전공하였고, 국어과 읽기와 쓰기 교육 내용에 대한 연구로 박사 학위를 받았다. 현재 대학에서 국어과 예비교사들을 가르치면서 관련 연구와 저술 활동을 하고 있다. 특히, 초등학교 시기의 국어교육은 부모와 자녀가 공감하고 소통할 소중한 역할을 한다고 믿으며, 지도교사와 학부모가 공유할 만한 관련 교육서를 꾸준히 개발하고 있다. 저서로 〈글쓰기를 위한 북아트〉, 〈자서전, 내 삶을 위한 읽기와 쓰기〉, 〈파리지엔 글쓰기〉 등이 있다.

초등 저학년
읽기다운 읽기

초판 1쇄 인쇄 2023년 1월 31일
초판 1쇄 발행 2023년 2월 6일

지은이 이은미
발행인 박효상 | 편집장 김현 | 기획·편집 장경희, 김효정 | 디자인 임정현
교정·교열 진행 안현진 | 조판 조영라
마케팅 이태호, 이전희 | 관리 김태옥

종이 월드페이퍼 인쇄·제본 예림인쇄 | 출판등록 제10-1835호
펴낸 곳 사람in | 주소 04034 서울시 마포구 양화로11길 14-10(서교동) 3F
전화 02) 338-3555(代) **팩스** 02) 338-3545 | **E-mail** saramin@netsgo.com
Website www.saramin.com

ISBN 978-89-6049-987-4 14370
      978-89-6049-985-0 (set)

우아한 지적만보, 기민한 실사구시 사람in

초등 저학년

읽기다운 읽기

이은미 지음

사람in

추천하는 글

요즘 문해력이 장안의 화두입니다. 다들 문해력이 중요하다고 하지만 정작 문해력을 어떻게 키울 수 있는지에 대해서는 속 시원한 답을 하지 못하고 있습니다. 이은미 선생님의 〈초등 저학년 읽기다운 읽기〉는 읽기를 통해 문해력의 기초를 다질 수 있도록 많은 아이디어를 선보이고 있습니다. 아동의 문해력 신장을 돕는 다섯 가지 꿀팁은 이 방면의 금과옥조라 할 수 있습니다. 또한 이 책은 읽기 교육에서 가장 중요한 '무엇을 어떻게 읽을까'에 대한 재미있고 유익한 글과 활동을 다양하게 제공하고 있습니다. 이 책을 따라가다 보면 아동들의 읽기 실력이 절로 늘어갈 것임을 믿어 의심치 않습니다.

이도영 춘천교대 국어교육과 교수

이은미 선생님의 〈초등 저학년 읽기다운 읽기〉는 매우 유익합니다. 우리나라 학생들은 초등학교 저학년 때에는 독서 흥미도가 높다가 고학년이 되면서부터 급격히 떨어집니다. 초등 저학년 때 주로 그림책이나 동화책을 읽다가 고학년부터 높은 수준의 학습 독서를 하게 되면서 어려움을 겪는 학생들이 많기 때문입니다. 따라서 초등 저학년 때부터 기초적인 독해력을 기르는 것이 중등 과정에서도 성공적인 학습의 바탕이 됩니다. 이 책은 초등 저학년이 익혀야 할 기초적인 독해 전략을 독서 이론에 기반하여 충실하게 제공하고 있습니다. 그뿐만 아니라 교사나 학생들에게 적합한 구체적인 사례를 제공하여 누구나 쉽게 적용할 수 있도록 하였습니다. 초기 독서 지도에 대해 고민하는 교사나 학부모에게 이 책은 친절한 멘토가 될 것입니다.

김주환 국립안동대 국어교육과 교수

이 책은 국어과 읽기 학습의 기본 내용들을 요령 있게 잘 선정하여 그것을 부모가 지도에 효과적으로 활용할 수 있는 체제로 꾸며놓았다. 단순히 나열하지 않고, 아동에게 도움을 주고자 하는 부모의 입장에서 조직하고 구성하는 데에 역점을 두었다. 이는 아마도 국어교육 전공자인 저자가 국어를 가르치는 교사와 그 자신 어머니의 자리에서 각각 경험했던 것들을 다시 교수학적으로 다듬고 정교화한 데서 얻은 결실이 아닌가 생각된다. 특히 이 모든 기획을 가로지르는 중심에 아이들과 친화되기 쉬운 문학 작품들을 폭넓게 원용하도록 하였다. 이렇게 함으로써 실제로 글을 읽는 습관이 국어 학습의 토대로서 형성되어야 한다는 원리를 충실히 살려놓았다.

박인기 경인교대 국어교육과 명예교수

글을 읽고 쓰는 능력이 발달하는 데는 몇 가지 중요한 원리가 있다. 첫째, 출생과 더불어 그 능력의 발달이 시작되며 학습자를 둘러싼 조력자의 양질의 후원이 발달을 촉진한다는 점이다. 둘째, 팔다리의 근육이 발달하는 원리와 같이 글을 읽고 쓰는 근육 또한 즐겨 읽고 쓰는 반복적인 활동을 통해 발달한다는 점이다. 그래서 규칙과 형식에 얽매이기보다는 재미가 있어서 읽고 쓰는 활동이 자발적으로 이루어질 수 있어야 한다. 셋째, 학습자의 발달 수준에 부합해야 한다. 초등 단계의 학습자는 대체로 자기 삶과 시간의 흐름에 대한 경험을 기반으로 글을 읽고 쓰는 데 익숙하며, 따라서 우리가 이들에게 기대할 수 있는 텍스트 또한 그러한 유형에 가까운 것이어야 한다. 〈초등 저학년 읽기다운 읽기〉는 이러한 핵심 원리를 기반으로 다양한 실제 사례를 통해 교사와 학부모가 초등 학습자의 읽기 능력 발달을 돕는 조력자의 역할을 성공적으로 수행할 수 있도록 안내하고 있다.

옥현진 이화여대 초등교육과 교수

읽기가 시작되면 소통이 시작된다

초등 저학년 자녀를 키우는 어머니들의 공통된 바람 중 하나가 '아이가 책 읽기를 좋아했으면' 하는 것입니다. 아이가 책을 읽고 싶어 한다는 것은 궁금한 것이 많아졌다는 말입니다. 그리고 그 속에는 어떤 주제에 대해 누군가와 대화를 나누고 싶어 한다는 마음도 숨어 있습니다. 그렇게 아이의 머리와 마음은 쑥쑥 자라고 싶다는 신호를 보냅니다.

아이의 책 읽기에 대한 이야기를 시작하려니 문득 소냐 홀트의 『책만 읽고 싶어하는 아이』(킨더랜드)에 나오는 여자아이가 떠오릅니다. 주인공 여자아이는 책 읽기를 너무도 좋아해서 어두운 방 안에서 책을 읽을 불을 밝히려고 풍차를 돌립니다. 바람이 불지 않자 심지어는 동서남북으로 바람을 찾아 나섭니다. 그리고 따뜻한 마파람을 데려와 행복하게 다시 책을 읽게 되지요. 어찌 생각해 보면 참 안타까운 이야기처럼 느껴지기도 합니다. 사실 아이가 책을 읽으려고만 한다면 친절하고 부지런한 우리 어머니들은 기꺼이 풍차도 돌려

6

주고, 바람도 데려와 주었을 텐데 말이지요. 하지만 책을 읽고 싶은데 불을 밝힐 수 없는 절박한 상황은 아이의 독서에 대한 욕구에 더 불을 지피게 됩니다. 동화 속 여자아이는 이미 가지고 있던 책 읽기에 대한 열정으로 문제를 해결하고 더 안정적인 환경에서 책을 읽는 아이로 성장하게 된 것이지요. 이런 시기의 아이들은 끊임없는 질문과 대답, 대화를 통해 세상과 만나고 문제를 해결해 갑니다. 이러한 대화를 통한 문해력은 책 읽기를 통해서 키우는 것이 바람직하다는 것은 말할 것도 없고요.

그런데 아이가 책을 읽기만 한다면 아무런 문제가 없을까요? 이런 경우를 한번 생각해 보지요.

"우리 아이는 책을 읽긴 하는데 너무 쉬운 책만 읽어요."
"우리 아이는 늘 읽던 책만 계속 읽어요."
"우리 아이는 책 한 권 읽는 데 너무 오래 걸려요."

책을 읽지 않아도 걱정, 읽어도 이렇게 읽으니 또 걱정입니다. 먼저, 엄마가 보기에 아이가 본인 연령이나 학령에 비해 쉬운 책만 곁에 두고 읽는다면 아이의 어휘력 수준을 점검해 볼 필요가 있습니다.

책 읽기에서 어휘는 이해력과 비판력, 종합적 사고를 끌어내는 중요한 추진력이 됩니다. 아무리 짧고 재미있는 내용과 주제를 담고 있더라도 책 안에 들어 있는 어휘 중에 모르는 어휘가 많다면 아이는 더 이상 책과 대화를 나눌 수 없게 됩니다. 책을 읽으면서 수없이 어휘의 뜻을 묻고 또 물어도 아무도 친절하게 대답해 주지 않기 때문입니다.

아이가 자라는 동안 아이의 주변은 끊임없이 변합니다. 그렇다면 아이들이 자라는 동안 아이들 안의 어휘력도 함께 자라도록 주변을 만들어 줄 수 있다면 좋겠습니다. 그러기 위해서는 아이가 읽고 있는 책들 속에 들어 있는 어휘들을 탐색하고, 낯설고 다른 어휘들과 아주 조금씩 만날 수 있는 주변 환경을 만들어 주어야 하지요. 우리도 그렇지만, 책을 읽다가 낯선 어휘들이 나오면 처음에 몇 번은 주변에 묻기도 하고 사전도 찾아보면서 책 읽기를 이어 가지만, 그보다 더 자주 낯선 어휘들이 등장하게 되면 슬그머니 손에서 책을 놓아 버리고 더 이상 그 책에 흥미를 느끼지 못하게 됩니다.

아이들에게 책은 크게 세 종류로 나뉩니다. 첫 번째는 자기가 읽고 싶은 책입니다. 본인이 읽고 싶은 책이니 명작이든 만화책이든 일단 이 책을 읽어 내는 데는 별반 문제가 없을 겁니다. 두 번째는 어른들이 읽히려고 하는 책입니다. 그중에는 아이의 마음과 맞는 것도 있겠지만, 대부분 지식이나 교훈을 담고 있는 것들이 많아서 현재 아이들이 대화하고 싶은 주제와는 조금 떨어져 있을 수 있습니다. 세 번째는 숙제를 위해 꼭 읽어야 하는 책입니다. 선생님과 엄마가 지켜보고 있으니 조금 게으르게 읽더라도 어쨌든 읽어 내려고 애쓰는 책입니다. 두 번째와 세 번째 책이 첫 번째 책과 맞아떨어진다면 그보다 완벽할 수는 없을 겁니다. 그런데 안타깝게도 그렇지 않은 경우가 더 많지요. 그럼 이제부터 어머니들의 과제는 두 번째와 세 번째 책들을 어떻게 첫 번째 책들 사이로 끼워 넣을 수 있을지 고민하는 것이 될는지도 모르겠습니다.

이 책에서는 그런 이야기들을 크게 '어떻게 읽을까'와 '무엇을 읽을까'라는 두 가지 문제로 던져두고 함께 풀어 가 보려고 합니다. 아이들의 문해력이란 결국 '어떻게 읽을까'와 '무엇을 읽을까'라는 두 가지 안에서 충분히 이야기될 수 있으니까요. 장별로 우리 아이들이 읽으면 좋은 책들을 골라 각각의 책 속에서 아이에게 필요한 어휘들을 가지고 함께 할 수 있는 활동을 소개해 보았습니다. 그리고 문해력을 키울 수 있는 재미있는 읽기 전후의 방법들을 소개하면서 우리 아이에게 더 좋은 방법은 없을까 함께 고민해 보도록 하지요.

이런 고민의 과정에서 따뜻한 말씀으로 응원을 보내 주신 선생님들께 감사드립니다. 그리고 거친 원고가 책으로 만들어지기까지 든든한 한편이 되어 애써 주신 사람in 출판사에도 고마운 마음을 전합니다.

차례

추천하는 글   **4**

들어가는 글   읽기가 시작되면 소통이 시작된다   **6**

INTRO   아이의 문해력 신장을 돕는 다섯 가지 꿀팁

01 내 아이 수준을 알고 읽기를 계획하면 백전백승 ZPD를 잡아라!   **15**

02 엄마가 도와주면 아이의 문해력은 더 크게 자란다 '비계'가 필요해!   **22**

03 책 읽기 주도권을 엄마에서 아이로 '책임 이양'이 중요해!   **26**

04 엄마의 독서는 아이 독서의 거울 시범 보이기는 적극적으로   **31**

05 엄마의 칭찬은 아이를 춤추게 한다 긍정적 피드백의 마법   **35**

PART 1   어떻게 읽을까?

01 읽기 전에 읽기 스키마를 활용하라!   **44**

02 독해 전략 세우기 K-W-L 노트를 쓰자!   **53**

03 어휘 놀이와 청킹(chunking) 놀면서 읽자!   **59**

04 눈동자 움직임과 유창성 눈동자를 살펴라!   **64**

05 낭독의 마법 소리 내어 읽자!   **68**

06 즐겁게 읽기 노래 부르며 읽자!   **73**

07 다독과 재독의 발견 많이 읽고 다시 읽자!　　　　　　78

08 정교화 읽기 회상하며 읽자!　　　　　　　　　　　85

09 흔적을 남기며 읽기 질문, 밑줄, 메모하며 읽자!　　　94

10 간추리며 읽는 힘 요약하며 읽자!　　　　　　　106

11 읽기 전, 읽는 중, 읽은 후 활동 과정 중심으로 읽자!　115

12 느낌이 살아 있는 읽기 오감을 자극하며 읽자!　　　124

13 똑똑한 읽기 메타인지로 읽자!　　　　　　　　129

PART 2 무엇을 읽을까?

01 같은 책을 다르게 읽기　　　　　　　　　　　138

02 다른 책을 같이 읽기　　　　　　　　　　　　144

03 상호텍스트성을 지닌 글 읽기　　　　　　　　149

04 유형별 책 읽기　　　　　　　　　　　　　　158

05 주제별 책 읽기　　　　　　　　　　　　　　174

06 시점이 다른 책 읽기　　　　　　　　　　　　184

07 또래 친구들의 글 읽기　　　　　　　　　　　189

08 다양한 매체 자료 읽기　　　　　　　　　　　191

09 복합 수준의 자료 읽기　　　　　　　　　　　196

10 필독 도서와 권장 도서 읽기　　　　　　　　　202

11 스스로 선택한 책 읽기　　　　　　　　　　　205

나오는 글　　　　　　　　　　　　　　　　　208

참고 문헌　　　　　　　　　　　　　　　　　210

INTRO

아이의
문해력 신장을 돕는
다섯 가지 꿀팁

초등학교 시기에 책을 읽으며 키운 문해력은 아이가 평생 세상과 소통하게 될 기초 체력이 됩니다. 문해력은 단순히 글을 읽고 쓸 줄 아는 능력이 아니라, 살아가면서 만나는 모든 사물이나 현상들과 소통할 수 있는 '생활하는 능력'이기 때문입니다.

이 장에서는 '어떻게 읽을까'와 '무엇을 읽을까'의 문제에 들어가기 전에, 먼저 아이의 문해력 신장을 위해 엄마들이 알아두면 좋을 다섯 가지 꿀팁을 소개하려고 합니다. 'ZPD'나 '비계', '책임 이양' 같은 낯선 용어들이 등장하지만, 쉬운 예를 들어 놓았으니 책 한 권을 정해 아이와 가볍게 연습해 보면 좋겠습니다. 앞으로 읽기 편을 본격적으로 시작하기 위한 가벼운 몸풀기라고 생각하면 됩니다. 독서 교육 관련 전문가들이 아이들을 지도할 때 늘 고려하는 개념이니만큼 엄마들도 알고 있으면 내 아이와 대화를 나눌 때 큰 도움이 될 것입니다. 그럼, 시작해 볼까요?

01

내 아이 수준을 알고 읽기를 계획하면 백전백승 _ZPD를 잡아라!

　　아이와 소통한다는 것은 아이의 목소리에 귀를 기울인다는 말입니다. 또한 아이가 보는 곳과 같은 방향을 보고, 아이가 무엇을 할 수 있는지 함께 고민하는 데 익숙하다는 것입니다.

　　선생님의 입장에서 새로운 학생들을 처음 만날 때면 매번 그때그때 뭔가 색깔이 다른 긴장감이 듭니다. 특히 학령이 낮을수록 그렇습니다. 초등학생들의 경우 아이들의 눈빛이나 손동작 하나하나가 마치 확대경으로 들여다보듯 세세하게 보이는 때가 종종 있습니다. 그럴 때면 아이가 처음 내 얼굴을 보고 무슨 생각을 했을지, 무섭다고 생각했을지 아니면 못생겼다고 생각했을지, 이 수업에 최소한의 관심은 있는지, 전에 이런 독서 프로그램을 해 본 적이 있는지, 오늘 기분은 어떤지 등을 생각하게 됩니다. 분명 교실에 들어서기 전에 초등학교 3학년 대상의 수업이라는 사전 정보도 있었고, 수업 준비도 충실히 했고 자료도 세심하게 챙겨서 들어왔건만 아이들은 그저 낯선, 모르는 어떤 사람들로 마주하고 있을 뿐입니다. 그 낯선 이들과 친해지는 데는 시간이 좀 필요합니다.

"『이야기 도둑』[1]을 예전에 읽어 본 적 있는 사람?"

(몇 명이 머뭇거리며 손을 든다)

"언제 읽어 봤어?"

"......"

"어느 부분이 가장 재미있었니? 기억에 남는 부분은 뭐야?"

"......"

"혹시 생각나는 등장인물을 이야기해 줄 수 있을까?"

"......"

처음에는 쉬운 거라도 일방적으로 질문만 하면 아이들은 성의 있게 대답하지 않습니다. 아이들은 지금 선생님을 관찰하는 중이거든

---

1 『이야기 도둑』(임어진 저, 문학동네)은 우리 전래의 혼쥐 설화에 착안한 창작동화입니다. 혼쥐 설화에 따르면, 사람은 누구나 몸속에 자신의 혼쥐를 키우고 있습니다. 그리고 잠을 자는 동안 그 혼쥐가 몸 밖으로 빠져나오면서 꿈을 꾸게 된다고 하지요. 『이야기 도둑』은 세상 만물이 모두 귀 기울여 이야기를 듣는 '이야기 혼쥐'를 가지고 태어난 주인공 설아기가 그 혼쥐를 잃어버렸다가 힘겹게 다시 찾아와 행복을 되찾는 과정을 그리고 있습니다.

요. 이 선생님은 내가 무엇을 할 수 있고 무엇을 못하는지 알고 있는지, 나한테 어떤 새로운 것을 할 수 있게 해 줄지, 혹시 수업이 나에게 어려운 것은 아닐지, 이 시간 동안 내가 재미있게 지낼 수 있을지 등을 말이죠.

이때 저는 아이들을 바라보고 좋은 낯으로 한마디씩 말을 걸고 관심을 끌어내면서 짧은 시간 안에 소위 'ZPD'에 해당하는 부분을 체크합니다.

ZPD(Zone of Proximal Development 근접발달영역)
ZPD는 교육심리학자 레프 비고츠키가 제시한 인지발달 이론으로, 간단히 얘기하자면 아이의 현재 수준과 수업 후 나아질 수 있다고 판단되는 수준 사이의 거리를 뜻합니다. 비고츠키는 ZPD 이론을 통해 아이들의 현재 수준(실제적 발달 수준)이 같을지라도 교사, 부모, 뛰어난 또래 등이 학습자를 도와줄 경우 학습자 개인이 혼자 도달할 수 있는 발달 수준(잠재적 발달 수준)보다 더 높은 수준에 도달할 수 있다고 주장합니다.
선생님들은 수업 후에 아이들이 지식이나 정서, 행동 면에서 긍정적인 변화를 보이기를 기대하는데, 기대할 수 있는 변화의 수준이 아이마다 높을 수도 있고 낮을 수도 있습니다. ZPD는 실제 눈에 보이는 것은 아니지만, 아이들을 가르치는 입장이라면 누구나 마음속에 인식하고 있어야 합니다. 엄마도 아이를 가르칠 때는 내 아이의 잠재적 발달 수준이 어느 정도인지를 우선 파악한 후, 이에 상응하는 도움을 주면 효과적으로 아이를 지도할 수 있기 때문입니다.

"자, 오늘은 선생님이랑 『이야기 도둑』이라는 동화를 가지고 수업을 진행할 거야. 얘들아, 혹시 도둑이 나오는 이야기들을 읽어 본 적이 있니?"

"「알리바바와 40인의 도둑」이요."

"「자전거 도둑」이요."

"바늘 도둑이 소도둑 된다."

"우와, 재미있는 도둑 이야기들을 어떻게 그렇게 빨리 떠올렸지? 대단한걸. 바늘 도둑, 소도둑을 떠올린 것도 참 재미있다. 속담도 우리 조상님들이 오래 살아온 이야기가 잘 묻어 있는 재료가 될 수 있겠지? 선생님도 오래전에 「알리바바와 40인의 도둑」 좋아했는데. 《아라비안나이트》 시리즈는 뭐든 재미있잖아, 그렇지? 「자전거 도둑」을 읽은 친구도 있네. 다른 친구들도 읽어 보면 알 수 있겠지만, 선생님은 주인공 수남이가 자전거를 훔쳐 달아날 때 같이 마음이 두근두근했던 기억이 나. 자, 그런데 지금 말한 도둑들은 모두 공통점이 있지? 그래, 다들 무언가 남의 것을 훔치는 사람들이야. 그러면 혹시 '이야기 도둑'은 어떤 사람인지 이야기해 줄 사람?"

"이야기를 훔치는 사람이에요."

"아, 그렇구나. 이야기를 훔치면 이야기 도둑이 되겠구나. 그런데 이야기는 어떻게 훔칠 수 있을까? 누군가 이야기를 할 때 녹음할까, 아니면 누군가 공책에 적어 놓은 이야기를 통째로 훔치면 되는 걸까?"

"어떤 사람이 이야기를 하면 잘 듣고 기억했다가 다른 곳에 가서 자기가 만들어낸 이야기처럼 말해요."

"우와, 좋은 생각이다. 그런 방법도 있겠네. 우리도 가끔 그런 사람들을 볼 때가 있지? 책에서 읽었던 이야기를 마치 자기가 직접 겪은 것처럼 이야기하는 사람 말이야. 선생님 친구 중에도…"

이렇게 다소 수다스러운 대화가 진행되는 동안 저는 아이들 각자가 수업 전에 가지고 있는 지식과 생각의 범위, 주제에 대한 흥미도 등을 짧은 시간 동안 체크합니다. 아이들이 '도둑'이라는 단어에 대해 가지고 있는 사전 지식, 독서 수준, 수업에서 사용할 책에 대한 느낌 등과 같은 정보들을 말이죠. 그리고 이렇게 짧은 시간 안에 파악한 정보들을 통해 앞으로 『이야기 도둑』이란 책으로 수업을 해 나가는 데 있어 최종적인 목표를 어디쯤에 두어야 하는지를 가늠하게 됩니다. 만약 이때 아이들의 수준을 정확하게 파악하지 못하면 수업의 목표 지점도 정확히 찾을 수 없게 됩니다. 다시 말해, 적절한 ZPD를 만들어야 합니다.

어머니들이 아이를 지도할 때도 마찬가지입니다. 내 아이가 지금까지 어떤 책을 읽어 왔는지, 어떤 분야의 책에 관심이 많은지, 또 책을 읽고 어떤 식으로 표현하는 것을 좋아하는지 등에 대한 점검이 꼭 필요합니다. 그래야만 내 아이가 읽을 새로운 책을 고르고 책에 대해 함께 대화를 나누며 즐거운 성장을 할 수 있게 될 테니까요.

그래서 저는 『이야기 도둑』이라는 동화를 재료로 해서 아이들이 각자가 가지고 있는 '혼쥐'가 무엇인지 찾아가는 작업을 진행해 보기로 하였습니다. 아이들이 지금까지 본인의 재주에 대한 이야기, 친구들의 재주에 대한 이야기 등을 풀어내면서 자신의 몸속에는 어떤 혼쥐가 들어 있는지, 그리고 그 혼쥐는 어떤 것들을 할 수 있게 될지 충분히 표현하는 것을 목표로 삼은 것이지요. 이렇게 대략 ZPD를 가늠하고 난 후라면 아이들은 그 안에서 자신을 돌아보기도 하고, 다른 친구들에게서 자기 모습을 찾기도 하면서 여러 가지 모습으로 자신을 변화시키는 과정을 겪게 됩니다. 이 수업 안에서 아이들의 이런 다양한 변신은 무죄입니다.

자, 이제 아이와 함께 읽을 책을 정했다면, 이 책을 읽고 내 아이가 할 수 있는 가장 즐겁고 의미 있는 일을 떠올려 보세요. 만약 계획대로 아이가 따라와 주지 않는다면 그때는 ZPD 간격을 조금 줄여 주면 됩니다. 이것은 엄마들이 아이의 키를 키우려고 할 때와 유사합니다. 엄마가 일 년 동안 아이의 키를 15cm 정도 키우는 것을 목표로 삼았다고 가정해 보죠. 엄마는 부지런히 영양식을 요리해 먹이고, 사이사이 운동도 열심히 시키고, 규칙적인 생활 습관도 만들어 주려 애를 쓸 겁니다. 그런데 아이는 속도 모르고 반찬 투정을 하면서 아침을 거르기도 하고, 배탈이 나거나 감기에 걸리기도 하고, 다쳐서 들어오기도 하면서 엄마를 애태웁니다. 아무래도 엄마가 가늠한 ZPD

가 조금 과했던 모양입니다. 이럴 땐 목표를 조금 변경하는 수밖에요. 12cm 정도면 될까요? 사실 ZPD는 자꾸 바뀌는 과정을 통해서 그다음에는 더 정확한 ZPD를 만들 수 있게 됩니다. 처음에 아무리 열심히 분석하고 고심한 끝에 ZPD를 정했다 하더라도 아이들이 늘 엄마나 선생님이 계획하거나 원하는 수준에 정확하게 도달할 수 있는 것은 아니니까요.

하지만 어찌 되었든 엄마가 한 해 동안 우리 아이의 키를 얼마쯤 더 키우는 것을 목표로 삼았다면, 그것은 엄마가 아이의 지금까지 성장 속도나 건강 상태 등을 고려해서 ZPD를 설정한 것입니다. 하지만 그만큼 아이를 키우기 위해서 엄마는 영양소가 풍부한 음식을 만들어 먹이고, 규칙적인 생활 습관도 지키도록 하고, 운동도 시키는 등 여러 가지 노력을 해야 하죠. 이러한 노력들이 없다면 아이는 정해 놓은 목표에 가깝게 자라기 어려울 테니까요. 이러한 음식, 생활 습관, 운동과 같은 장치는 아이가 책을 읽고 생각을 자라게 하는 데도 필요합니다. 그럼 이제 ZPD의 공간을 채워 줄 이야기 속으로 조금 더 들어가 볼까요?

02

엄마가 도와주면
아이의 문해력은 더 크게 자란다
_'비계'가 필요해!

아이의 키를 키우기 위해서 좋은 음식과 꾸준한 운동, 규칙적인 습관이 필요한 것처럼, 아이의 문해력을 키우기 위해서는 책 읽기가 필요합니다. 세상에는 아이들이 읽으면 좋은 책들이 차고 넘치지만, 우리 아이가 실제로 만나는 책은 그중 아주 일부분뿐입니다. 그렇기에 엄마들은 자녀가 책 한 권을 읽더라도 제대로, 마음의 양식이 되게 읽기를 바랍니다. 그러려면 아이가 책을 읽으면서, 혹은 책을 읽고 나서 내용을 바르게 이해하고 자기 생각의 폭을 넓혀 갈 수 있도록 친절하고 유익한 활동으로 이끌어 주는 것이 필요합니다. 이것을 교육학에서는 '비계(scaffolding)'라고 표현합니다.

비계(scaffolding)

'비계'란 원래 건축물을 짓는 공사를 할 때 작업을 편리하게 진행하기 위하여 설치하는 임시 구조물을 의미합니다. 이런 의미를 책을 읽는 과정으로 옮겨 오면, 아이가 책을 읽으면서 성공적으로 문해력을 키울 수 있도록 엄마나 교사가 친절하고 유익한 안내를 해 주는 것을 뜻합니다.

책을 소리 내어 함께 읽고, 모르는 어휘를 묻고 알려 주기도 하고, 주인공이 느꼈을 기분에 대해 같이 이야기를 나눠 보는 활동들이 바로 책 읽기에서 엄마들이 해 줄 수 있는 가장 일상적인 '비계'라고 할 수 있습니다. 책 읽기에 숙련되지 않은 아이들은 책을 읽으며 어떤 것을 생각해야 하는지, 읽은 내용을 어떻게 정리해야 하는지, 무엇이 중요한 내용인지 잘 찾아내지 못합니다. 마찬가지로 책 읽기를 지도하는 데 익숙하지 않은 엄마들은 아이에게 무엇을 물어야 하는지, 아이가 책을 읽었다는 것을 어떻게 확인해야 하는지 알지 못합니다.

다 읽었어?

(끄덕끄덕)

쥐가 어디서 치즈를 발견했다고?

……

👧 그럼 치즈를 찾으러 간 건 누구야?

👦 ……

　이렇게 엄마가 아이에게 일방적으로 책의 내용을 확인하려고 하
거나 책을 끝까지 읽었는지 여부만을 확인하는 것은 올바른 비계가
아닙니다. 비계는 아이가 책 읽는 과정을 살펴보고 질문을 던지고,
함께 생각을 나누기도 하고 오래전에 엄마 자신이 겪었던 이야기들
을 풀어내기도 하면서 아이가 책 읽기에 대해서 자신만의 즐거운 방
법을 찾아갈 수 있도록 지원하는 것입니다. 앤서니 브라운의 『터널』
(논장)이라는 그림책을 예로 들어 볼까요?

© 논장

👧 우와, 이건 그림이 꼭 움직이는 것 같다. 그치?

👦 그런 것 같기도요… 아, 처음엔 남자애가 돌처럼 되어 있었는데
점점 사람으로 변했어요.

👧 마법 같은 게 일어났나 봐. 무슨 일이 있었던 걸까?

🧒 남자애가 뭔가 잘못해서 돌이 되었다가 여자애가 마법을 풀어 주었나 봐요. 엘사처럼요!

👩 정말! 엄마가 보기에도 그런 것 같은걸. 그런데 둘은 어떤 사이일까? 왕자와 공주? 남자아이와 마법사?

🧒 음… 옷을 보니까 그건 아닌 것 같아요. 오빠랑 나 같기도 해요.

👩 아, 그럴 수도 있겠네. 그런데 둘은 사이가 되게 좋은가 봐. 그렇게 보이지 않아?

🧒 그렇긴 한데, 내 생각엔 싸웠다가 화해한 것 같아요.

👩 어떻게 알 수 있어?

🧒 그냥… 느낌이 그래요. (웃음)

👩 뭔가 그럴듯하게 이야기가 딱 들어맞는 느낌이 드는데?

이렇게 아이와 책에 관한 대화를 나눈 후에 아이가 상상했던 이야기를 책 속에서 확인할 수 있다면 성공이겠죠?

한 권의 책 안에는 재미있고 유익한 비계들이 빼곡하게 숨어 있습니다. 그래서 비계는 엄마와 아이가 책을 통해 소통할 수 있는 유용한 통로가 됩니다. 엄마가 친절한 목소리로 들려주거나 보여 주는 짧은 그림책 한 권만으로도 아이의 문해력은 향상될 수 있다는 점을 잊지 마세요.

03 책 읽기 주도권을 엄마에서 아이로 _'책임 이양'이 중요해!

아이가 걸음마를 배우던 시절을 떠올려 보세요. 처음에 아이는 엄마와 두 손을 마주 잡고 힘겹게 한 발 한 발 발을 떼어 놓았습니다. 그다음엔 엄마의 한 손만 잡고 뒤뚱거리며 걸으려다 다리에 힘이 풀려 주저앉기 일쑤였죠. 하지만 어느 날 마침내 두 팔을 활짝 벌린 채 아장아장 걸어서 엄마 품에 안기는 데 성공했죠.

읽기도 걸음마를 배우는 것과 같습니다. 읽기는 낱글자를 아는 데서 시작해서 단어와 문장을 소리 내어 읽을 수 있게 되고, 글에서 이야기하고 있는 내용이나 주제에 대하여 자기만의 생각을 가질 수 있는 단계에 이르기까지 순차적으로 발달합니다. 따라서 낱글자를 아는 단계의 아이에게 문장 읽기 수준을 강요해서는 안 되고, 이제 막

문장을 읽을 수 있게 된 아이에게 글의 주제나 내용 파악에 대해 압박해서는 안 됩니다. 그리고 읽기도 걸음마를 가르칠 때와 마찬가지로 필요할 때 손을 잡아 주고 또 적절한 시기에 놓아 주는 훈련이 필요합니다. 예전에 이런 고민을 털어놓던 엄마 한 분이 떠오릅니다.

"저는 결혼 전부터 나중에 아이를 낳으면 '책을 읽어 주는 엄마'가 되고 싶었어요. 그래서 임신 중에도 정말 열심히 소리 내서 동화책을 읽어 주었어요. 그게 효과가 있었는지 아이는 자라면서 제가 책을 읽어 주는 것을 정말 좋아했고, 무슨 책이든지 제가 읽어 주길 원했어요. 그런데 문제는 초등학교 2학년인 지금도 제가 읽어 주지 않으면 아이가 책을 안 읽으려 한다는 거예요. 글자를 모르는 것도 아니고 책 내용을 이해하지 못하는 것도 아닌데, 무조건 저한테 읽어 달라고 졸라요. 그러니 독후감도 제가 책을 읽어 준 뒤에 쓰는 건 물론이고, 심지어 문제를 풀 때 지문이 나와도 '엄마가 읽어 줘.' 하고 고집을 부리니 당황스러워요."

드라마나 소설에 등장하는 아이 곁에서 책을 읽어 주는 엄마의 모습은 참으로 아름다워 보입니다. 특히 잠들기 전 어린 자녀에게 잠자리 동화(bedtime stories)[2]를 들려주는 장면은 가장 평화롭고 달콤한

---

2 잠자리 동화(bedtime stories)는 유대인들의 교육법으로도 알려져 있습니다. 아이가 잠들기 전에 부모가 읽어 주는 동화를 말하지요. 잠자리 동화라고 해서 특별히 정해진 것은 없고, 아이의 수면에 방해되지 않을 정도로 비교적 짧은 분량으로 부모님의 목소리를 통해 안정감을 줄 수 있는 동화를 고르면 됩니다. 다만 시간은 20분 내외로 정해 이후의 수면을 방해하지 않도록 합니다.

가족의 시간을 떠오르게 합니다. 책을 가까이하는 습관을 길러 준다는 면에서 보더라도 아주 바람직한 시간입니다. 또한 엄마의 목소리에 온전히 집중하는 순간은 아이가 집중력을 발휘하고 어휘력을 키우는 시간이 되기도 합니다. 독서 연구가들에 따르면 부모의 교육 수준이나 경제적 지위가 비슷해도 3~5세 시기 2년 동안 부모가 일주일에 5회 이상 동화책을 읽어 준 아이들은 그렇지 않은 아이들에 비해 복잡한 문장을 이해하는 능력이 뛰어나다는 보고가 있었습니다. 사실 아이는 엄마의 목소리를 듣는 것만으로도 안정감을 느낀다는 사실을 감안하면, 아이에게 이렇게 책을 읽어 주는 시간은 아무리 넘치게 해 주어도 모자랄지 모릅니다. 그래서 많은 부모님이 잠자리에서 같은 책을 여러 번 읽어 주는 것은 물론이고, 아이가 고학년이 되어서도 읽어 주기를 계속하기도 합니다.

그런데 이러한 애틋한 책 읽기도 적절한 시기에 홀로서기를 하지 못하면 뜻하지 않게 난감한 상황을 가져오기도 합니다. 물론 아이에게 책을 읽어 주는 것에 적정 시기가 정해진 것은 아닙니다. 그러나 아이에게 열심히 책을 읽어 주는 것만이 능사는 아닙니다. 아이의 언어 능력은 특별한 환경적 요인이 방해하지 않는 이상 정상적으로 발달합니다. 그 과정에서 엄마의 역할은 현재 아이의 언어 발달 상황을 파악하고, 익숙해져야 할 다음 단계를 함께 준비하는 것입니다. 엄마의 판단으로는 책을 좋아하는 아이인데도 스스로 책 읽기를 꺼리거나 지나치게 엄마가 책을 읽어 주기 바란다는 생각이 든다면 다음

사항들을 확인해 보시기 바랍니다.

- 아이 주변에 책 읽기를 방해하는 요소들은 없는가?
- 책 속에 어려운 어휘들이 섞여 있지 않은가?
- 아이가 정확한 발음으로 소리 내어 읽을 수 있는가?
- 소리 내어 읽는 속도가 지나치게 빠르거나 느리지 않은가?

아이의 언어 발달은 처음에 낱글자를 읽고, 다음엔 단어를, 그리고 문장을 읽어내는 순서로 이루어집니다. 그리고 문장과 문장을 이어 읽으면서 한 단락을 통째로 읽게 됩니다. 그리고 단락들이 이어진 글을 읽게 되지요. 단어 읽기에서 문장 읽기로 넘어갈 때 아이는 스스로 답답함을 느껴서 엄마가 읽어 주는 것을 편하게 느낄 수 있습니다. 마찬가지로 문장을 읽을 수 있더라도 여러 개의 문장이 계속해서 이어지면 의미 연결이 버겁다고 느낄 수 있습니다. 이런 상황은 문단 단위로도 이어집니다. 문단과 문단 사이의 의미 관계가 머릿속에서 정리되지 않으면 글이 어렵다고 느껴지게 됩니다. 그래서 아이의 발달 단계에 따라 점진적으로 책임을 넘겨주고 혼자서도 책을 읽을 수 있도록 하는 '책임 이양'이 중요한 것이지요.

책임 이양

책을 읽을 때 처음에는 엄마나 선생님이 주도적인 역할을 하다가, 시간이 흐르면서 조금씩 엄마나 선생님의 역할을 줄여가는 것을 '책임 이양'이라고 말합니다. 그렇게 되면 나중에 엄마나 선생님은 아이에게 조언하는 역할만 담당하고, 아이가 주도적으로 책 읽는 역할을 담당할 수 있게 됩니다.

아이와 함께 책을 읽을 때는 무한한 인내심이 필요합니다. 단어나 문장으로 된 그림책을 읽을 때도 처음엔 그림을 함께 보면서 엄마가 읽어 주다가 다음엔 번갈아 읽기를 합니다. 문장이나 문단 단위로, 또는 페이지 단위로 번갈아 읽고 어느 정도 능숙해지면 한 챕터를 통째로 읽어 보도록 격려합니다. 조금 더 나아가면, 엄마와 아이가 한 챕터씩 번갈아 읽고 각자 그 내용을 요약해서 이야기해 주는 시간도 마련해 보세요. 이렇게 조금씩 아이의 손을 놓으면 아이는 책 속에서 혼자서도 충분히 자유로워집니다. 그러다 보면 어느 날엔 아이가 엄마에게 잠자리 동화를 읽어 주는 날도 오지 않을까요?

04 엄마의 독서는 아이 독서의 거울 _시범 보이기는 적극적으로

아이의 책 읽기를 도와주려면 엄마도 같이 책을 읽어야 하고, 그 과정에서 필요한 경험과 방법을 전달하는 데 익숙해져야 합니다. 그리하여 마침내 같은 책을 매개로 하여 아이와 엄마가 소통할 수 있게 된다면 이것이야말로 전문적인 독서 활동이 될 수 있을 것입니다.

이 말은 단순히 엄마가 아이에게 책의 내용이나 형식에 대해 세심하게 설명해 주는 것을 의미하는 것이 아닙니다. 엄마가 아이보다 먼저 책을 읽고 떠오른 생각이나 느낌도 말해 주고, 비슷하게 경험한 이야기도 들려주면 좋겠다는 뜻입니다. 엄마나 선생님이나 아이를 가르치는 입장이 되어 보면 어른으로서 자신을 표현하는 일을 어색하게 느끼는 것이 다반사이지요. 하지만 엄마가 먼저 시범을 보이면 아이는 큰 어려움을 느끼지 않고 부담 없이 따라 하기를 시도하게 됩니다. 엄마의 생각이 교과서와 같지 않아도, 전문가의 의견처럼 정돈되지 않아도 괜찮습니다. 그냥 편안하게 엄마 자신의 이야기를 풀어가면 됩니다.

시범 보이기

'시범 보이기'는 엄마가 아이에게 바람직한 책 읽기의 과정을 직접 보여 주는 것입니다. 무엇보다도 일상에서 엄마가 자연스럽고 친숙하게 책을 읽는 모습을 아이에게 보여 주는 것이 가장 기본적인 시범이 되겠지요. 또한 엄마는 아이가 읽은 책에 대해 아이의 수준에 맞추어 대화하거나 이야기를 들려주면서 아이가 책과 친해지도록 도울 수 있습니다.

패트리샤 폴라코가 쓴 『할머니의 조각보』(미래아이)는 조각보라는 소재를 통해 러시아의 독특한 문화와 풍습을 만날 수 있는 그림책입니다. 그림책의 첫 장부터 마지막 장까지 페이지를 넘기는 동안 유대인 가족 7대에 걸친 전통이 조각보 그림으로 이어지며 따뜻한 느낌으로 펼쳐집니다. 이 책은 독특하고 아름다운 삽화에 집중하다 보면 아이와 어떤 이야기를 나누어야 할지 다소 막막하게 느껴질 수도 있습니다. 하지만 조각보 하나가 보여 주는 러시아의 다양한 생활 모습들은 낯선 나라의 문화를 볼 수 있는 창이 되기도 하고, 우리와 다른 듯 닮은 삶의 모습들이 추억을 불러오기도 합니다. 세련되거나 정돈된 내용이 아니더라도 엄마의 이야기를 들려주세요. 경험에서 나온 이야기라면 더욱 좋습니다.

🧒 우와, 예쁘다. 저도 이런 조각보 갖고 싶어요.

👩 그치? 엄마는 이걸 보다가 갑자기 외할머니한테 미안해졌어.

🧒 왜요?

👩 엄마도 오래전에 외할머니가 만들어 준 조각 이불 같은 것이 있었거든. 외할머니가 시집올 때부터 입었던 한복이랑 엄마가 어려서 입던 옷의 자투리 천 같은 것들을 조각조각 이어서 솜이불 겉면에 넓게 덧댄 것이었어. 지금 생각해 보면 재미있고 특이하기도 하고 그리운데, 그땐 그 조각 이불이 왜 그리 촌스럽게 보이던지, 친구가 집에 놀러 오면 그것부터 감추곤 했어. 그리고 언제부턴가 겉이 만질만질한 이불만 덮게 되면서 조각 이불은 까맣게 잊어버리고 말았지. 그런데 지금은 그 조각 이불을 덮었을 때의 가슬가슬하면서도 포근했던 느낌이 그리워. 그게 있었으면 외할머니를 떠올리기도 훨씬 더 쉬울 것 같고 말야.

🧒 그럼 엄마가 저한테 조각보 만들어 주세요. 제가 잘 간직할게요.

책을 매개로 아이와 소통할 때 아이와 눈높이를 무조건 똑같이 맞추려 할 필요는 없습니다. 오히려 엄마의 입장에서 자신의 이야기를 편안하게 풀어내는 것이 아이와 공감 모드를 만들어 가기 쉬울 때도 있거든요. 또는 그 반대로 아이의 수준이 훨씬 더 높은 경우도 있습니다. 가령 케이트 제닝스의 그림책 『로켓보이』(찰리북)를 보면 어른들도 잘 모르는 우주 지식으로 머릿속이 꽉 찬 아이, 캘럼의 이야기가 나옵니다. 우주에 대해서만은 엄마 앞에서 자신감이 넘치는 캘럼의 모습을 엄마들의 마음에 담아 두셨으면 합니다. 그래야 본인이 자신 있는 주제의 책을 읽으면 엄마 앞에서 충분히 수다스러워질 내 아이를 만날 준비가 되어 있을 테니까요.

05 엄마의 칭찬은 아이를 춤추게 한다
_긍정적 피드백의 마법

천재 화가라 불리는 파블로 피카소는 사실 어린 시절 읽기와 쓰기에 어려움을 겪었다고 전해집니다. 하지만 지금은 아무도 그의 천재성을 의심하지 않습니다. 그래서 엄마들은 아이가 이상한 그림을 그려 놓으면 웃으면서 "우리 아이는 피카소 같은 화가가 되려나 봐." 하며 긍정적인 피드백을 하곤 합니다.

피드백(feedback)이란 사전적 의미로 '진행된 행동이나 반응의 결과를 본인에게 알려 주는 일'을 뜻합니다. 『사람을 움직이는 피드백의 힘』(글로벌브릿지)의 저자인 리처드 윌리엄스는 인간에게 피드백이란 물이나 공기와도 같아서 인생을 풍요하고 매력적으로 만드는 물관과 체관의 역할을 한다고 표현하기도 했어요.

피드백에는 크게 네 가지 유형이 있다고 합니다. 긍정적인 에너지에 바탕을 둔 '지지적 피드백', 기존에 형성된 관계를 개선·발전시켜 나가는 데 필요한 '교정적 피드백', 그리고 다른 사람에게 상처와 절망을 주는 '학대적 피드백', 마지막으로 아무런 의미도 없지만 어떤 의미에서는 학대적 피드백보다도 더 학대적인 '무의미한 피드백' 이렇게 네 가지입니다. 아무런 피드백을 주지 않는 것도 어떤 의미에서는 무의미한 피드백에 속한다고 볼 수 있겠지요. 우리가 누군가에게 피드백을 해 주었다면 이 중 한 유형에 해당할 것입니다.

물론, 이미 짐작하셨겠지만, 지금 우리 아이에게 필요한 것은 '지지적 피드백'과 '교정적 피드백'입니다. 아이가 지니고 있는 커다란 피드백 통 안에 이런 피드백들을 가득가득 채워 주어야 합니다. 피드백 통은 우리가 짐작하기 어려운 어딘가에 구멍이 뚫려 있어서 채워 넣는 순간 새어 나가기 시작하는 특징이 있거든요. 아이의 생활 전반에서 그러하겠지만 특히 책 읽기에 있어서 피드백 통은 정말 부지런히 채워져야만 아이의 평생 독서 습관을 길러 줄 수 있습니다.

로알드 달의 『마틸다』(시공주니어)[3]를 기억하시나요? 이 책의 주인공 마틸다는 책 읽기를 좋아하는 똑똑하고 귀여운 여자아이인데요, 마틸다의 부모는 마틸다를 그저 집안의 골칫거리로만 여깁니다.

---

3 『마틸다』는 1997년에 같은 제목의 영화로도 개봉되었습니다. 원작의 내용을 크게 변형하지 않으면서 초능력 소녀 마틸다의 모습을 깜찍하게 그려내고 있어 아이와 함께 보기 좋은 영화입니다.

이런 경우 당연히 지지적 피드백을 기대할 수는 없겠지요?

S#1

아빠:　그 읽고 있는 쓸모없는 것이 뭐야?

마틸다:　쓸모없는 게 아니에요. 좋은 책이에요. 허먼 멜빌이 쓴 『모비딕』이라는….

아빠:　모비 뭐라고? (책을 빼앗아 들고 책장을 찢어버리며) 쓸데없는 것!

마틸다:　(당황하며) 도서관 책이에요!

아빠:　쓰레기야! 너 책 읽는 것에 넌더리가 나! 웜우드답게 행동하란 말이야! 앉아서 TV나 봐!

위의 대화는 전형적인 학대적 피드백입니다. 아무리 뛰어난 아이라도 이런 학대적 피드백이 지속된다면 정상적으로 살아갈 수 없게 될 것입니다. 그런데 학대적 피드백이 이렇게 극단적인 상황에서만 일어나는 것은 아닙니다. 우리의 일상으로 잠시 들어가 볼까요?

👩 지금 읽고 있는 책은 뭐야?

🧑 길고양이를 집에서 키우는 방법에 대한 책이에요.

👩 아이고, 지금 읽어야 할 책이 얼마나 많은데 왜 그걸 보고 있어?

길고양이가 너랑 무슨 상관이 있다고.

🧒 우리도 고양이 키우면 안 돼요?

👩 무슨 엉뚱한 소리야. 제발 그런 책 그만 보고, 필독 도서 목록에
있는 것 얼른 읽으란 말이야!

길고양이 길들이는 법에 관심이 많은 아이에게 필독 도서를 읽고
독후감을 쓰는 것이 급한 엄마는 이렇게 피드백을 합니다. 아이는 자
신의 관심사가 하찮게 평가받은 데 상처를 받고 자신의 선택을 존중
하지 않는 엄마에게 절망감을 느끼게 될 겁니다. 폭력적인 상황만 더
해지지 않았을 뿐, 이 역시 학대적 피드백입니다.

『마틸다』에서는 다행히도 가엾은 마틸다에게 정말 필요한 지지
적 피드백을 줄 수 있는 허니 선생님이 등장해요.

S#2

허니 선생님: 책 읽기 좋아해?

마틸다: 네, 참 좋아해요.

허니 선생님: 무슨 책들을 좋아하지?

마틸다: 전부 다요. 최근에는 닥스 치킨스의 책요. 아니, 찰스
디킨스. 그 책은 매일 읽고 싶어요.

허니 선생님 :   나도 그랬었지.

허니 선생님의 피드백은 말 그대로 지지적 피드백이고, 이런 경우에는 아주 바람직한 교정적 피드백까지 이어지는 데 아무 문제가 없겠지요? 아이가 긍정적인 책 읽기를 했다면 긍정적인 결과를 가져올 것이라는 점은 의심의 여지가 없겠지만, 이때 주변에서 지지적 피드백을 받지 못하면 아이의 책 읽기는 지속되거나 반복되지 않는다는 점을 잊지 마시기 바랍니다. 다시 아이와 엄마의 상황으로 돌아가 긍정적이고 지지적인 피드백을 표현해 볼까요?

> 지금 읽고 있는 책이 뭐야?

> 길고양이를 집에서 키우는 방법에 대한 책이에요.

> 우리 준영이가 요즘 동물에 관심이 많구나. 엄마도 어렸을 때 집에서 고양이 키웠는데. 다 읽고 나면 재미있었던 부분 얘기해 줘.

> 우리도 고양이 키워도 돼요?

> 혼자 고양이를 돌볼 수 있을 만큼 충분히 준비가 되고, 공부하는 데도 방해되지 않는다면 생각해 볼게.

물론 피드백이라는 것은 기본적으로 상대방의 마음을 읽어내는 능력이 필요하므로 항상 좋은 피드백을 하기란 쉽지 않습니다. 그래서 피드백 능력은 부모로서 지속해서 계발해 가야 할 능력이기도 합니다.

PART 1

어떻게 읽을까?

우리는 앞서 아이가 책을 읽는 동안 문해력을 키워 줄 다섯 가지 꿀팁을 알아보았습니다. 아이를 책과 친해지게 할 다섯 가지 방법을 떠올리면서, 지금부터는 '책을 어떻게 읽을 것인가'에 대한 고민을 풀어 나가도록 하겠습니다.

책을 읽는 것은 마치 우리가 세끼 밥을 먹는 것과 같습니다. 밥을 굶거나 한꺼번에 많이 먹으면 탈이 나지요? 책도 마찬가지입니다. 하루도 거르지 않고 적당한 양의 책을 꾸준히 읽는 습관이 무엇보다도 중요합니다. 얇은 그림 동화책 한 권쯤은 아이가 한나절 만에 후딱 읽어 주기를 바라는 마음은 어느 엄마에게나 있지요. 하지만 그 마음은 잠시 접어 두고, 아이가 생각하며 책을 읽을 여유를 만들어 주세요.

《가부와 메이 이야기》라는 그림책 시리즈 이야기를 한번 해 볼게요. 이 시리즈는 총 7권이 한 세트로 되어 있습니다. 권마다 글밥이 아주 많은 그림책은 아니지만, 이야기 속 아슬아슬한 장면들을 독특한 그림체의 삽화로 담아내고 있어 매력적입니다. 그래서 저는 아이들이 이 책을 읽을 때는 시간을 충분히 여유 있게 두고 읽었으면 합니다. 읽어야 할 글밥이 적다고 책 속에서 이해하고 생각할 분량이 적은 것은 아니니까요.

"이렇게나 많은 그림책 안에 같은 이야기가 나오는 거야?"
"살랑살랑 고개, 다북쑥 언덕은 어떤 곳일까?"
"폭풍우 치던 밤에 가부가 맡은 메이의 냄새는 어떤 냄새였을까?"
"가부는 메이를 마침내 잡아먹을까?"
"나한테 가부나 메이와 같은 친구는 누구일까?"
       ......

　　이렇게 읽기 전후에 아이가 다양한 질문들을 충분히 던져 보고 마음껏 생각과 상상을 펼쳐 볼 수 있게 하기를 권합니다. 지금부터 '어떻게 읽을까'라는 주제로 그 구체적인 방법들을 살펴보겠습니다.

읽기 전에 읽기
01 _스키마를 활용하라!

　　《가부와 메이 이야기》[4]로 다시 돌아가 이야기를 시작
해 볼까요? 이 책에는 늑대와 염소가 주인공으로 등장합니다. 늑대
와 염소라는 동물의 생태에 대해서 기본적인 지식이 있거나 이미지,
느낌 같은 것을 떠올릴 수 있다면 이 책을 읽는 가장 탄탄한 스키마
(schema)가 됩니다.

---

4 《가부와 메이 이야기》(기무라 유이치 저, 아이세움) 시리즈는 늑대 '가부'와 염소 '메이'가 나누는 특별
　한 우정에 관한 이야기 그림책으로, 『폭풍우 치는 밤에』, 『나들이』, 『살랑살랑 고개의 약속』, 『염소
　사냥』, 『다북쑥 언덕의 위험』, 『안녕, 가부』, 『보름달 뜨는 밤에』의 7권으로 되어 있습니다. 강한 야생
　의 본능을 억누르고 먹잇감인 염소를 친구로 받아들인 '가부'와 생명의 위협을 무릅쓰고 늑대를 진
　정한 친구로 받아들인 염소 '메이'의 우정이 묘한 긴장감과 감동을 불러일으킵니다.

'스키마'는 '사전지식' 혹은 '배경지식'이라는 용어와 같은 뜻으로 쓰입니다. 간단히 말하자면 어떤 대상이 가진 의미이거나 의미와 관련된 내용이 될 수도 있고 장면이나 생각, 혹은 사건이 될 수도 있습니다. 예를 들면, 휴대폰에 대한 스키마가 있는 사람은 휴대폰의 외형, 기능, 종류, 특징 등 휴대폰에 대한 전형적인 이미지를 가지고 있습니다. 또는 휴대폰으로 인해 겪었던 본인의 특별한 경험이나 최신 휴대폰 광고를 떠올리는 것도 해당합니다. 책을 읽을 때도 책의 제목이나 어휘, 그림 등을 단서로 책을 읽을 때 필요한 스키마를 선택하는 것이지요. 스키마가 많은 독자일수록 책 속의 주제에 쉽게 접근하고 문해력이 원활하게 발달할 수 있습니다.

ⓒ 아이세움

아이는 자기가 가지고 있는 늑대와 염소에 대한 스키마를 활용하여 이야기의 상황을 추론해 가게 됩니다. 야생의 본능을 지닌 늑대에게 염소는 아주 매력적인 먹이에 지나지 않는다는 사실을 이미 알고 있는 아이라면 늑대와 염소의 어이없는 우정에 분명 흥미를 갖게 될 테니까요. 다시 말해 아이가 떠올린 것과 그림책의 내용을 어떻게 연관 지을 것인지의 문제가 이 그림책 읽기의 성패를 가르게 된다는 것입니다. 이것 외에도 책 읽기에 대한 아이의 스키마를 활성화할 수 있는 다양한 방법들을 알아볼까요?

◆어휘 뭉치 만들기

아래의 어휘 뭉치 1, 2, 3은《가부와 메이 이야기》시리즈에 들어 있는 어휘들을 각각 다른 기준으로 뽑아 묶어 놓은 것입니다. 전체 어휘를 대상으로 하지는 않았지만, 대체적인 모습을 보기 위해 이렇게 나누어 보았습니다.

어휘 뭉치 2

또각 직 또각 직
훌쩍
스르르
데굴데굴
툭
절레절레
후두두
꼬르륵꼬르륵
싱긋싱긋
힐끗
조마조마
벌컥벌컥
어둑어둑
주저주저
겅중겅중

어휘 뭉치 1

비바람
폭풍우
번개
천둥소리
억수같이 쏟아지는 비
폭포처럼 쏟아지는 빗줄기
회색 구름
축축한 바람
빗방울
비구름
눈보라

어휘 뭉치 3

덥석덥석 골짜기
산들산들 산
말랑말랑 골짜기
주룩주룩 언덕
다북쑥 언덕
살랑살랑 고개

[어휘 뭉치 1]은 그림책에 나오는 날씨에 관한 어휘들을 뽑아 놓은 것입니다. [어휘 뭉치 2]는 의성어·의태어를 골라 놓은 것이고, [어휘 뭉치 3]은 책 속에 등장하는 재미있는 지명들을 가져와 보았습니다. 그 외에 가부, 메이, 기로, 바리, 타푸와 같이 책에 나오는 동물들의 이름을 다 늘어놓아도 좋고, 동굴, 오두막, 언덕, 고개, 골짜기 같은 장소들을 모아 보아도 좋겠습니다. 이렇게 모아 놓은 어휘 뭉치들은 책을 읽기 전에 책이 주는 느낌이나 분위기에 친숙해지게 하는데 큰 역할을 할 수 있습니다.

- 회색 구름, 축축한 바람, 억수같이 쏟아지는 비, 이런 날씨엔 어떤 기분이 들지?
- 또각 직 또각 직 하는 건 무슨 소리일까?
- 말랑말랑 골짜기에는 어떤 나무들이 자라고 있을까?
- 주룩주룩 언덕의 날씨는 어떨까?

아이가 책을 읽기 전에 엄마가 먼저 책을 읽어 어휘 뭉치를 만들어 보고 이런 질문들을 통해 아이와 먼저 대화를 나눌 수 있다면 이야기는 훨씬 더 흥미진진하게 느껴지게 될 겁니다.

◆표지와 제목에서 힌트 찾기

책의 표지나 제목만큼 책에 대한 이미지나 생각을 떠올리기 쉬운 재료도 드물지요. 책의 표지를 만들 때 디자이너는 책의 내용을 먼저 꼼꼼하게 읽고 그 안에 숨겨져 있는 뜻이나 주제를 파악합니다. 그리고 그것을 책 표지에 자신만의 언어로 시각화해서 보여 줍니다. 책 속의 등장인물들은 그렇게 아이들과 첫 대면을 하고, 책장을 넘기면서 아이들의 머릿속에서 살아 움직이게 됩니다. 같은 책이라도 출판사별로 다르게 만들어 내는 표지는 책을 선택하게 하는 결정적인 요인이 되기도 하지요. 서점에서 각기 다른 출판사에서 나온 같은 책들을 놓고 어떤 것을 선택할지 고민했던 경험을 떠올려 보세요. 우리는 일반적으로 그림이 예쁘고 색감이 독특한 느낌을 주는 표지들을 선택합니다. 우리 아이가 볼 책이므로 기왕이면 예쁘고 좋은 느낌을 전해 주고 싶기 때문이지요. 이렇게 선택된 책 표지를 보는 순간 아이가 환호성을 지르고 얼른 책 속으로 빠져들게 되기를 바라지요.

 채리야, 이거 봐. 《가부와 메이 이야기》가 이렇게나 권수가 많으니 책 표지도 모두 다르네. 이 중에서 가장 마음에 드는 걸 한번 찾아봐. 음… 엄마는 『안녕, 가부』의 표지 그림이 좀 슬퍼 보이는 것 같아. 눈이 오는 들판에 늑대와 염소가 함께 걷고 있긴 한데, 왠지 말 못 할 사정이 있어 보이기도 하고. 너는 어때?

전 『폭풍우 치는 밤에』의 표지가 좋아요. 이렇게 늑대와 염소를 검은색으로 크게 그려 놓으니까 뭔가 그림자놀이를 하는 것 같이 보이기도 하고, 늑대와 염소가 서로 어떤 표정을 짓고 있을지 궁금해져서요.

아, 정말 그림자놀이를 하는 것 같네. 그럼 제목은 어때? 어떤 제목이 가장 재미있어 보여?

그건… 『안녕, 가부』요.

그래? 엄마는 '다북쑥 언덕', '살랑살랑 고개' 이런 말이 들어가 있는 게 재미있어 보이는데.

전 주인공 이름이 제목에 나오는 게 좋아요. '안녕, 가부'라고 하니까, 안녕이 처음 만나서 하는 안녕인지, 헤어질 때 하는 안녕인지도 궁금하고요.

이렇게 아이들이 책을 본격적으로 읽기 전에 만져 보고 가지고 놀수 있는 시간이 필요합니다.

◆영화로 보기

아이들이 읽는 동화책 중에는 애니메이션이나 영화로 제작되어 있는 경우도 많습니다. 또는 반대로 애니메이션이나 영화가 먼저 나와 대중적인 인기를 얻고 나서 동화책으로 만들어진 경우들도 있습니다. 그렇다면 이렇게 동화를 원작으로 하는 작품들은 영화를 먼저 보는 것이 좋을까요, 아니면 원작을 먼저 읽은 후에 영화를 보는 것이 좋을까요?

그 대답은 그때그때 다릅니다. 아이가 책 내용에 영 흥미를 느끼지 못하고 책과 친해지지 않는다면 영화를 먼저 보여 주는 것도 좋은 방법입니다. 유난히 낯선 이야기를 만나는 것에 자신 없어 하거나 이야기 구조를 이해하는 데 어려움을 겪는 아이들이 있습니다. 특별히 어떤 문제가 있다기보다는, 일정한 분량의 글을 지속해서 읽는 훈련이 충분히 되어 있지 않을 때 자주 발생하는 현상입니다. 이런 경우, 비슷한 분량의 책을 온전히 읽어 내는 훈련도 지속되어야겠지만, 아이가 책에 흥미를 느끼게 하기 위해 영상 매체를 먼저 보게 하는 것도 좋은 방법이 될 수 있습니다. 영화로 먼저 본 이야기를 책으로 다시 접하게 되면 아무래도 줄거리를 이해하는 데 자신감이 생겨 읽을 때 집중해서 읽을 수 있으므로 시간이 절약되는 효과를 얻을 수도 있습니다. 마치 우리가 처음 만난 사람과는 서먹서먹하지만 예전에 한 번 만났던 사람과는 반갑게 대화를 나눌 수 있는 것처럼 말이지요.

《가부와 메이 이야기》 시리즈는 일본에서 애니메이션으로 제작되어 2014년에 개봉된 바 있습니다. 원작에 들어 있던 늑대와 염소를 아주 예쁘게 리메이크한 작품입니다. 원작이 지닌 임팩트가 워낙

크다 보면 영화로 만들 때 부담도 커진다는 것은 두말할 필요가 없
겠지요. 사실 《가부와 메이 이야기》는 원작으로도 충분한 이야기였
습니다.

🧑‍🦰 채리야, 가부와 메이가 애니메이션으로도 있네? 움직이는 가부
    와 메이 안 궁금해?
🧑 아니, 별로요. 꼭 움직여야 해요?
🧑‍🦰 그건 아니지.

사실 제가 아이보다 먼저 본 《가부와 메이 이야기》 애니메이션은
그리 매력적이지 않았거든요. 그래서 그냥 아이가 스스로 그려 보고
마음속에 지니고 있을 가부와 메이의 이미지로 오래 남아 있었으면
했습니다.

물론 그렇지 않은 경우도 종종 있습니다. 《해리포터》 시리즈가 그
러하지요. 해리포터 소설이 처음 나왔을 때, 아이들의 손에는 저마다
유행처럼 『해리포터와 마법사의 돌』이 들려 있었습니다. 모두들 이
마에 번개 자국이 있는 해리포터의 모습을 머릿속에 그려 보고, 9와
3/4 승강장이 어디쯤일지 상상도 하면서요. 그런데 《해리포터》 시리
즈가 영화로 나와 폭발적인 인기를 얻게 된 후부터 아이들은 그 상
상하기 놀이에 시들해지게 되었습니다. 다니엘 래드클리프가 재현

한 해리포터가 아이들의 머릿속에 있던 해리포터를 완벽하게 자리 바꿈해 버렸기 때문입니다. 아이들은 연이어 발간되는《해리포터》 시리즈에 여전히 열광했지만, 책을 읽는 수고로운 과정을 생략하고 화끈하게 영화로만 감상하는 아이들도 많이 생겨났습니다. 원작의 내용을 워낙 충실하게 재현해 놓은 영상 덕분에 우리는 우리가 알고 있는 해리포터의 장면들이 소설을 읽고 떠올린 것인지, 영화에서 본 것을 떠올린 것인지조차 구별할 수 없게 되었습니다. 그렇게나 흥미 진진하고 박진감 넘치는 책 읽기가 아이들의 상상 속에서 더 빛났으 면 좋았을 텐데 말이지요. 물론 이런 영화 읽기도 다양한 디지털·영 상 매체들을 수용하고 생산하며 살아갈 아이들의 미래에 중요한 부 분이기는 합니다. 하지만 영상 매체가 보여 주는 '편한 읽기'에 우리 아이들이 지나치게 길들여지지는 않았으면 좋겠습니다.

독해 전략 세우기
02 _K-W-L 노트를 쓰자!

책을 읽는 것은 '새로운 것'과 '이미 알고 있는 것' 사이에 다리를 놓는 것과도 같다고 합니다. 아이가 책을 읽고 그 내용을 바르게 이해하기 위해서는 자신이 가지고 있는 스키마를 활용할 수 있어야 합니다. 지금 소개하는 K-W-L 노트는 아이가 자신의 스키마를 스스로 살펴볼 수 있도록 만들어 줍니다.

K-W-L에서 K는 '내가 알고 있는 것(what I **K**now)'을 뜻합니다. W는 '내가 알고 싶은 것(**W**ant to know)'을, L은 '내가 알게 된 것(what I **L**earned)'을 의미합니다. 선택한 책을 읽기 전에 먼저 K와 W 단계를 통해 아이의 현재 수준과 흥미를 파악하는 과정이 필요합니다. 그리고 책을 다 읽은 후 L 단계에서 아이의 변화를 바르게 살필 수 있게

됩니다. K-W-L 노트는 원래 학생들이 스스로 자신의 스키마를 점검하면서 책을 잘 이해하기 위한 과정으로 고안된 독서 전략입니다. 하지만 아이가 어리다면 아직 스스로 책 읽기를 조절할 수 있는 단계가 아니므로 엄마가 아이와 함께 노트를 채워 가며 한번 활용해 보시기 바랍니다.

윤구병 저자의 《도토리 계절 그림책》 시리즈는 『우리 순이 어디 가니』, 『심심해서 그랬어』, 『바빠요 바빠』, 『우리끼리 가자』 네 권으로 되어 있습니다. 각 권은 우리나라의 봄, 여름, 가을, 겨울의 모습을 표현하고 있지요. 세밀화로 그려진 편안한 삽화를 통해 우리 농촌의 사계절을 오롯이 담아내고 있어 매력적입니다. 책 속에는 엄마와 아이들이 함께 빠져들어 느끼고 생각해 볼 만한 소재들이 가득합니다. 지금부터 K-W-L 노트를 쓰면서 이 책을 읽는 방법에 대해 알아볼까요?

◆ K: 내 아이가 알고 있는 것, 혹은 경험한 것

'K'는 내 아이가 책의 주제나 내용과 관련해서 알고 있다고 생각되는 것들을 엄마가 판단해 적어 보는 것입니다.

> • 우리 가족은 명절마다 농촌에 있는 할아버지 댁에 인사를 다녀온다.

- 우리 가족은 지난여름 주말농장에서 땀 흘려 농사를 지었다.
- 아이는 최근에 농촌에 사는 아이가 주인공인 동화를 읽었다.
- 아이는 동물들의 겨울 준비에 대한 다큐멘터리를 본 적이 있다.
- 최근에 아이와 우리나라의 자연을 주제로 하는 전시회를 다녀왔다.
- 얼마 전 국어 시험에서 아이는 흉내 내는 말에 관련된 문제를 맞히지 못했다.
- 아이는 시골 풍경을 그림으로 그린 적이 있다.

엄마의 기억과 아이의 기억이 딱 맞아떨어지지 않을 수도 있습니다. 아이의 기억 저편으로 도망가 있는 추억들을 소환하는 것도 엄마의 몫이겠지요? 그러다 보면 엄마도 까맣게 잊고 있었던 사건이나 기억을 아이가 꺼내 오는 경우도 있을 겁니다.

◆ W: 내 아이가 궁금해하는 것, 혹은 관심 있어 하는 것

'W'는 아이가 이 책을 읽기 전에 궁금해하거나 관심을 보이는 부분을 의미합니다. 다만 아이가 책의 표지나 본문의 이곳저곳을 들추어 보고서도 그리 관심을 보이지 않는다면, 그때는 엄마가 판단했을 때 아이가 이 책을 읽으면서 관심을 가졌으면 하는 것들을 적어 보세요.

[아이가 궁금해하는 것]

● 『심심해서 그랬어』에는 심심해서 어떤 일이 일어난 걸까?

● 『바빠요 바빠』에는 무엇 때문에 왜 바쁜 걸까?

● 책에 나오는 그림은 어떻게 그린 것일까?

● 겨울 그림책에는 왜 사람이 나오지 않을까?

[엄마의 판단으로 아이가 관심 두기를 바라는 것]

● 농촌에서 봄부터 가을까지 하는 일

● 계절별 그림책의 제목이 의미하는 것

● 책에 나오는 동물들의 모습

● 책에 나오는 흉내 내는 말들의 쓰임

● 책에서 가장 아름다운 장면 찾기

아이가 궁금해하는 것과 엄마가 관심을 두기를 바라는 것에는 분명 차이가 있을 겁니다. 그 차이를 확인하면서 아이의 눈높이에서 '다름'을 인정하고 이해하는 기회로 삼아 봐도 좋겠습니다.

◆ L: 내 아이가 새로 알거나 깨닫게 된 것

앞서 K와 W의 과정을 통해 책을 읽기 전 단계에서 아이와 충분한 대화를 나누었다면, 이제 즐겁게 책을 읽고 L에 해당하는 내용들을 채워 보세요. 'L'은 책을 읽고 나서 아이가 변화된 모습을 기록한다고 생각하면 됩니다. 이 단계에서는 앞서 K에서 가지고 있던 경험이나 생각들이 변화되거나 더 깊어지기도 합니다. 또, W에서 아이와 엄마가 가지고 있던 계획들이 얼마나 실현되었는지 확인해 볼 수 있는 기회이기도 하고요.

- 순이와 돌이는 농촌에 산다.
- 흉내 내는 말은 어렵다.
- 농촌에는 일 년 내내 할 일이 많다.
- 여름엔 어른들은 일이 많지만 아이들은 할 일이 없다.
- 가을의 그림이 아름답다.
- 아기 토끼는 산양 할아버지 품에서 잠을 잔다. 나도 할머니 댁에 가면 할머니 품에서 잠을 잔다.

만약 L을 노트에 적어 보니 엄마가 계획한 W가 충분히 채워지지 않은 것 같더라도 너무 아쉬워하진 마세요. 아이가 이 책을 언제든 다시 읽게 될 때 아이는 지금은 미처 생각지 못한 놀라운 이야기를 들려줄 테니까요.

아이와 책을 읽을 때는 아이와 엄마의 머릿속에 K-W-L을 떠올려 보세요. 머리 한구석에 아예 K-W-L 노트의 공간을 만들어 두고 새로운 책을 만날 때마다 그 안에 빈칸을 채우며 전략을 짜고 나온다고 생각해도 좋겠습니다. 그리고 그런 활동들이 자동화될 수 있다면 더할 나위 없을 것입니다.

어휘 놀이와 청킹chunking
03 _놀면서 읽자!

책 속에 등장하는 새로운 낱말을 이해하기 위해서는 그 낱말이 포함된 문장이나 문단을 읽어 보는 것이 가장 좋습니다. 또한 학년이 올라갈수록 접하게 되는 문장의 길이가 길어지는데, 점차 길어지는 문장을 이해하기 위해서는 문장을 간단하고 의미 있는 단위로 끊어 읽을 수 있도록 유도해야 합니다. 의미 있는 낱말들을 뽑아 문장을 조금씩 길게 만들어 보면 그 연습을 해 볼 수 있습니다. 『바위나리와 아기별』[5]에서 다음과 같이 낱말들을 모아 보았습니다.

---

5   『바위나리와 아기별』(마해송 저)은 바위나리와 아기별의 예쁜 사랑과 마음 아픈 이별을 담은 동화입니다. 1923년에 발표된 우리나라 최초의 창작동화로, 초등학교 국어 교과서에서도 꾸준히 소개되는 아름다운 글입니다.

　　낱말들을 섞은 후 잘 보이도록 놓은 상태에서 흉내 내는 말을 골라내 보기도 하고 장소에 해당하는 낱말끼리, 등장인물에 해당하는 낱말끼리 묶어 보기도 합니다. 또, 골라낸 낱말들을 넣어서 짧은 문장을 만들어 봐도 좋습니다. 모르는 단어가 나오면 사전을 찾아보는 것도 좋지만, 그 단어를 활용해서 문장을 만들어 보는 것이 큰 도움이 되니까요.

[흉내 내는 말]
쏴, 찰싹찰싹, 불끈, 글썽글썽, 툭, 스르르, 허둥지둥, 풍덩실

[장소]
모래벌판, 바닷가, 벌판

[등장인물]

바위나리, 아기별, 문지기, 임금님

[문장 만들기]

엄마가 만들어 주신 음식을 먹으니 힘이 불끈 솟는 것 같다.

늦잠을 자서 학교에 늦을까 봐 허둥지둥 집을 나섰다.

이번에는 흉내 내는 말 카드를 세로축으로 길게 늘어놓습니다. 이때 각각의 흉내 내는 말과 어울려 문장을 만들 수 있는 다른 낱말 카드를 좌우에 두면서 문장을 만들어 봅니다.

바위나리 가 눈물 을 글썽글썽 하면서 말했습니다.

이튿날 이 되자 문지기 는 허둥지둥 하며 하늘문 을 닫았습니다.

임금님 은 화가 나서 감장돌 을 바닷가 에 툭 하고 떨어뜨렸습니다.

여기서 청킹(chunking), 즉 낱말을 의미 있는 덩어리로 묶게 되는 것을 확인할 수 있습니다.

청킹(chunking)

우리는 글을 읽으면서 낱말의 의미를 이해하기 위해 낱말들을 의미 있는 덩어리(구)로 구분하는 활동을 먼저 하게 됩니다. 예를 들면, '배고픈 동생이 허겁지겁 밥을 먹는다' 라는 문장을 읽을 때, '배고픈'이라는 낱말은 '동생'과 묶이고 '허겁지겁'은 '밥을'보다는 '먹는다'와 어울려 묶입니다. 이렇게 문장을 이해할 때 낱말을 의미 있게 연관되는 묶음으로 만드는 것을 '청킹'이라고 합니다.

[눈물]은 [글썽글썽]과, [허둥지둥]은 문을 닫는 모양새와 [툭]은 떨어지는 소리나 모양과 묶입니다. [눈물]과 [글썽글썽]은 낱말 카드 중에서 찾아 짝지을 수 있지만 [허둥지둥]은 '닫았습니다', [툭]은 '떨어뜨렸습니다' 같은 어울리는 낱말을 생각해 내어 문장을 완성할 수 있습니다. 카드에 쓰인 낱말을 사용하면서 자연스러운 문장을 완성하는 과정은 바로 '청킹'의 과정이 됩니다. 이렇게 글을 읽으면서 자동으로 낱말의 의미 경계를 제대로 파악하는 연습은 글을 잘 읽어 나가기 위한 중요한 경험이 됩니다.

낱말 카드가 아니라 문장 카드를 이용해 볼 수도 있습니다. 다시 『바위나리와 아기별』에서 10여 개의 문장을 뽑아 카드로 만들었습니다.

빨강꽃 한 송이가 피어났습니다.

이 꽃은 '바위나리'라는 꽃이었습니다.

바위나리의 동무가 될 사람이라고는 아무도 없었습니다.

바위나리는 마구 소리를 지르며 울었습니다.

아기별은 울음소리가 나는 곳으로 쭈욱 내려왔습니다.

밤 가는 줄도 모르고 놀았습니다.

바위나리는 밤이 되기만을 기다렸습니다.

바위나리는 그만 병이 들었습니다.

아기별은 바위나리를 정성껏 간호했습니다.

끝내 아기별은 내려오지 않았습니다.

바위나리는 썰물과 함께 바다로 끌려가고 말았습니다.

아기별을 하늘문 밖으로 내쫓았습니다.

 문장 카드로 할 수 있는 활동은 여러 가지가 있는데, 대표적으로 문장 카드를 섞은 후 이야기의 순서에 따라 배열해 보는 활동이 있습니다. 또한 문장 카드와 그림책의 삽화를 짝지어 보는 활동이나 문장 카드 중 몇 장을 뒤집어 놓은 후 해당 내용을 맞히는 메모리 게임을 진행해도 좋습니다. 또는 문장 카드로 받아쓰기 연습을 할 수도 있으며, 카드의 문장에 덧붙여 이야기를 더 자세히 설명해 보도록 하는 활동도 유익합니다.

눈동자의 움직임과 유창성
04 _눈동자를 살펴라!

　　우리가 평소 의식하지는 않지만, 책을 읽을 때 눈동자
는 쉼 없이 일을 합니다. 보통은 활자 인쇄 방향에 따라 왼쪽에서 오
른쪽으로 갔다가 다시 다음 줄의 왼쪽에서 오른쪽으로 눈동자가 끊
임없이 움직입니다. 그런데 그 움직임을 조금 자세히 살펴보면 재미
있는 현상을 발견할 수 있습니다. 글의 순서대로 움직여 가던 눈동자
가 다시 위쪽으로 되돌아가기도 하고, 어느 부분에서 한동안 멈추어
있습니다. 또 앞 페이지에서는 빠르게 움직이던 눈동자가 다음 페이
지로 넘어가서는 천천히 움직이기도 합니다. 그러다 어느 부분에서
눈동자의 움직임이 아예 멈추고 책을 덮어 버리기도 하고, 불안하게
계속 움직이다가 책을 놓아 버리기도 합니다. 이러한 움직임은 아이

들에게서도 다르지 않게 나타납니다. 그래서 학자들은 이 눈동자 움직임을 분석해서 읽기 과정을 연구하기도 했습니다.

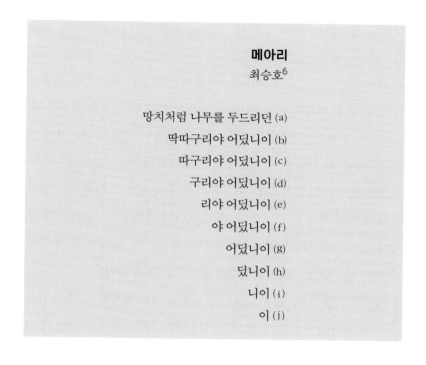

메아리
최승호[6]

망치처럼 나무를 두드리던 (a)
딱따구리야 어딨니이 (b)
따구리야 어딨니이 (c)
구리야 어딨니이 (d)
리야 어딨니이 (e)
야 어딨니이 (f)
어딨니이 (g)
딨니이 (h)
니이 (i)
이 (j)

재미있는 시 한 편을 보면서 이야기해 볼까요? 이 시를 읽다 보면 아래쪽으로 내려가면서 시선이 점점 오른쪽 구석으로 쏠리게 됩니

---

6 최승호의 동시는 『말놀이 동시집』을 포함하여 아이들의 눈높이에 맞춘 단어를 사용하여 우리말의 독특한 느낌을 시각과 청각 요소를 통해 표현한 것들이 재미있습니다. 글자와 운율에 관련해서도 초등 저학년에서 부담 없이 활용하기 좋은 제재입니다.

다. 또 '딱따구리야 어딨니이'부터 '이'까지 행마다 한 글자씩 줄여 가며 읽다 보면 자신도 모르게 앞에 나왔던 딱따구리가 계속 머릿속에 남아 있게 되지요. 다시 말해서, (c)를 읽으면서 (b)로 잠시 되돌아갔다가, (d)를 읽으면서 다시 (c)와 (b)로, (e)를 읽을 때 (d), (c), (b)로, (f)를 읽으며 (e), (d), (c), (b)로, (g)를 읽을 때는 (f), (e), (d), (c), (b)로······ (j)를 볼 때는 (i), (h), (g), (f), (e), (d), (c), (b)로 다시 거슬러 올라가는 경험을 하게 됩니다. 이렇게 바로 앞에서 읽은 것에 대한 잔상을 확인할 때도, 혹은 그 부분만으로는 이해하기 힘든 대목이 나왔을 때 – 가령 (j) 행만 단독으로 보았을 때 – 도 우리는 일반적인 글 읽기와는 다른 방식으로 눈동자를 움직이게 됩니다. 더하여 이 시는 오른쪽으로 정렬되어 있어서 마치 시에 나오는 딱따구리의 부리 모양 같기도 하고 메아리가 울려 퍼지다 점점 줄어드는 모습 같기도 합니다. 그 모양이 신기해서 또 한 번 시 전체 모양을 휘이 둘러보게 됩니다.

이렇게 시를 읽을 때 눈동자의 움직임이 다른 패턴을 보이는 것처럼, 눈동자의 움직임은 글의 배열이나 갈래, 성격, 난이도 등에 따라서도 달라집니다. 그래서 눈동자의 움직임은 읽기의 속도나 유창성과도 큰 연관이 있습니다. 유창성을 측정하는 검사에서 눈동자의 움직임이나 특정 부분에 고정된 시간, 되돌아가서 읽은 횟수 등을 집중하여 보는 것도 이러한 이유 때문입니다.

집에서는 아이의 수준에 맞는 책을 선택하여 소리 내어 읽기를 시켜 보면 알 수 있습니다. 읽기 속도나 유창성은 결국 글의 내용을 얼마나 정확하게 이해하는가와 밀접하게 연관되므로 주의를 기울여 점검해야 하겠지요? 이 부분은 '소리 내어 읽기'와도 이어지는 내용이므로 뒤에서 자세하게 이야기하겠습니다.

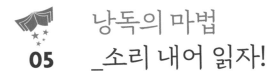

05 낭독의 마법
_소리 내어 읽자!

여러분은 평소에 책을 읽을 때 소리 내어 읽으시나요? '소리 내어 읽기'는 단순히 목소리를 밖으로 내어 다른 사람이 들을 수 있도록 읽는 것을 의미하지 않습니다. 소리를 내어 읽는다는 것은 스스로 자신이 읽는 소리를 들으면서 읽는다는 것을 의미합니다. 사실 우리가 의식하지 못할 뿐 묵독을 할 때도 우리는 책을 마음속으로 소리 내어 읽고 있습니다. 아주 오래전에는 책을 읽는다는 행위가 당연히 소리 내어 읽는 낭독을 의미했다고 합니다. 어린아이가 처음 책을 읽을 때 소리 내어 읽는 것을 당연하게 여기는 것처럼요.

아이는 소리 내어 책을 읽는 동안 자기의 목소리와 발음, 성량, 속도 등을 스스로 인지하게 됩니다. 목청을 가다듬으며 소리를 높여 보기도 하고, 자세를 바로잡으며 조금 더 차분하게 읽으려 애써 보기도 합니다. 그런데 아이 앞에서 엄마나 선생님이 아이가 읽는 것을 듣는다고 한다면 아이가 조금 더 긴장된 마음으로 또박또박 읽으려 한다는 것을 금세 알아차릴 수 있을 것입니다. 아이가 소리 내어 읽는 동안 엄마는 아이가 낱말의 발음을 정확히 내고 있는지, 적절한 곳에서 끊어 읽기를 하고 있는지 확인해 볼 수 있습니다. 아울러 아이가 자기의 목소리를 제대로 듣고 있는지 청각 능력까지 알아볼 수도 있으니 낭독은 정말 쓸모가 많은 읽기 방법이라 할 수 있습니다.

초등학교 2학년 담임을 맡고 있던 A 선생님은 아이들의 일기를 자주 살펴보고 일일이 댓글을 달아 주는 따뜻한 분입니다. 일기의 말미에는 '엄마의 한마디' 코너도 만들어 엄마가 아이와 소통할 수 있도록 배려도 해 놓으셨지요. 매번 일기를 읽으면서 아이들의 일상을 들여다보고 다독여 줄 만한 부분들을 찾아내곤 했습니다. 그런데 한 아이의 일기를 읽으면서 적잖이 걱정스러운 상황이 생겼습니다. 주원이는 밝고 씩씩한 성격이지만 책 읽기를 시키면 늘 주저하기도 하고, 또래에 비해 편하게 읽어 내리지 못하는 편이었습니다. 주원이는 사실 태권도, 바둑, 컴퓨터 등 지금 다니는 학원 수도 적지 않았는데, 일기장에 엄마가 이번에는 영어 학원을 새로 등록하고 오셨다는 내용이 쓰여 있었습니다.

A 선생님은 고민 끝에 아이의 일기 '엄마의 한마디' 확인란에 이렇게 메모를 남겼습니다. "주원이 어머님, 제 생각에 주원이는 영어보다 먼저 우리말을 자유롭게 읽고 쓸 수 있도록 충분히 연습하는 것이 더 필요한 것 같습니다." 다음 날, 아이의 일기장 말미에는 "우리 아이는 한글을 읽고 쓰는 데 아무 문제가 없습니다."라는 주원이 엄마의 답변이 따라왔습니다. 선생님은 주원이를 방과 후에 남게 하고 아이와 함께 짧은 동화책 한 권을 번갈아 소리 내어 읽는 활동을 해 보았습니다. 아이는 낱글자를 읽는 것처럼 문장을 끊어 읽는 경우가 많았고 겹받침의 발음은 아예 알지 못했습니다. 읽은 책의 내용을 제대로 기억하지 못하는 것은 물론이고요. 선생님은 다시 아이의 일기장에 "주원이에게 국어책을 소리 내어 읽는 연습을 매일 시켜 주시면 도움이 많이 될 것 같습니다."라고 적어 보냈습니다. 그리고 다시 다음 날, 아이의 일기장에는 "선생님, 신경 써 주셔서 감사합니다. 그런데 주원이는 글을 읽고 쓰는 데 아무런 문제가 없습니다."라는 대답이 돌아왔습니다. 그리고 아이의 일기는 이렇게 시작하고 있었습니다. "오늘 새영어학원에 가따."

소리 내어 읽기, 즉 낭독을 충분히 연습하는 것은 이후에 질 좋은 묵독을 할 수 있도록 해 주는 중요한 기초 공사입니다. 묵독이 일단 시작되면 눈동자의 움직임과 뇌의 움직임이 동시에 빨라지고 아이는 세상의 모든 텍스트에 대한 '독해'의 과정으로 들어가기 때문입니다. 따라서 묵독을 하는데 글을 잘 이해하지 못하는 아이는 낭독의 과정으로 되돌아와 더 연습이 필요하다고 말할 수 있습니다. 어른들도 무언가 읽다가 내용이 잘 이해되지 않으면 소리 내어 읽어 보는 경우가 종종 있으니까요. 단, 낭독은 아이에게 혼자 하게 하면 금세 싫증 내기 쉽습니다. 그래서 재미있는 글을, 역할을 나누어 읽는 것을 권합니다.

옛날 어느 곳에 개구리 하나 살았네.
가난하나 마음 착한 개구리 하나 살았네.

하루는 이 개구리 쌀 한 말을 얻어 오려
벌 건너 형을 찾아 길을 나섰네.

개구리 덥적덥적 길을 가노라니
길가 봇도랑에 우는 소리 들렸네.

개구리 냉큼 도랑으로 가 보니
소시랑게 한 마리 엉엉 우네.

-「개구리네 한솥밥」[7] 중에서

---

7 「개구리네 한솥밥」은 1957년에 북한에서 출간되었던 백석의 동화 시집 『집게네 네 형제』에 실린 동화시 중 하나입니다. 동화시는 말 그대로 시의 특징을 지니고 있으면서 그 안에 동화와 같은 스토리를 담고 있습니다. 반복되는 시구와 리듬감으로 인해 마치 노래를 부르는 것처럼 느껴지기도 하므로 소리 내어 읽기에 좋은 텍스트입니다.

「개구리네 한솥밥」은 동시이므로 연으로 나누어 엄마와 아이가 번갈아 읽어 나가기 좋습니다. 번갈아 읽다 보면 아이는 엄마의 목소리를 들을 수 있으니 좋고, 엄마는 아이가 읽을 때 어려워하는 부분을 알아낼 수 있으니 또 좋습니다.

세상의 모든 언어에 대한 능력은 개인의 모국어 능력을 기반으로 하여 만들어집니다. 우리글을 편안하게 읽고 쉽게 이해할 수 있게 되면 외국어 또한 수월하게 익힐 수 있게 된다는 말입니다. 외국어를 배우기 위해서도 결국 우리는 모국어로 생각하면서 외우고 하는 일들을 해야만 하니까요. 소리 내어 읽기는 받아쓰기와도 중요한 관계가 있습니다. 정확하게 소리 내어 읽을 수 있는 아이는 받아쓰기에서도 좋은 점수를 받습니다. 소리 내어 읽기의 마법은 처음엔 그리 대단해 보이지 않지만 일단 한번 힘을 발휘하게 되면 쉽게 그치지 않습니다. 고학년이 되기 전 아이가 정확하고 유창하게 낭독을 할 수 있는지 꼭 살펴보시기를 당부드립니다.

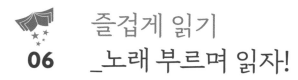

즐겁게 읽기
06 _노래 부르며 읽자!

책을 노래를 부르듯 즐겁게 읽을 수 있다면 얼마나 좋을까요? 다음 글을 읽으면서 머릿속에 떠오르는 것을 기억해 보세요.

우리나라 대한민국은 예로부터 비단에 수를 놓은 것처럼 아름다운 산천을 지니고 있다고 하여 '금수강산'이라 일컬어 왔습니다. 신화에 의하면 시조인 단군왕검은 조선을 세우고 '홍익인간(널리 인간을 이롭게 한다)'을 건국 이념으로 삼았습니다. 이후로 우리나라는 대대손손에 걸쳐 훌륭한 인물들이 많이 배출되었습니다. 고구려는 동명왕이, 백제는 온조왕이 건국했으며, 신라는 신성한 알에서 태어났다고 전해지는 혁거세가 세웠습니다. 이후 광개토대왕은 고구려의 영토를 넓혀 지금의 만주 지역까지 확장하였고, 신라의 이사부 장군은 한강 상류에서 낙동강 하류에 이르기까지 영토를 넓혔습니다. 또 신라에는 누더기를 입고 가야금을 타며 가난한 아내를 위로하던 선비 백결 선생이 있었고, 백제에는 의자왕과 낙화암에서 떨어졌다고 전해지는 삼천 궁녀도 있었습니다. 계백 장군은 나당 연합군에 패하여 장렬히 전사하였고, 신라의 화랑 관창은 백제와의 전쟁에서 용감히 맞서 싸우다 전사하였습니다.

짐작하셨겠지만, 이 글은 「한국을 빛낸 100명의 위인들」이라는 노래의 가사 일부를 줄글의 형태로 바꾸어 본 것입니다. 이렇게 읽으니 또 다른 글처럼 느껴지지요?

아름다운 이 땅에 금수강산에 단군 할아버지가 터 잡으시고
홍익인간 뜻으로 나라 세우니 대대손손 훌륭한 인물도 많아
고구려 세운 동명왕 백제 온조왕 알에서 나온 혁거세
만주 벌판 달려라 광개토대왕 신라 장군 이사부
백결 선생 떡방아 삼천 궁녀 의자왕
황산벌에 계백 맞서 싸운 관창 역사는 흐른다. (중략)

–「한국을 빛낸 100명의 위인들」(박문영 작사·작곡)

박자에 맞추어 가사를 흥얼거리듯 부르곤 하는 이 노래는 아이들에게 역사에 대한 지식은 물론이고 소리 내어 읽기, 어휘, 요약, 암기에

대한 여러 노하우를 제공해 줍니다. 같은 내용이라도 노래로 접하게 되면 좀 더 쉽게, 좀 더 친밀하게 다가오는 특성이 있기 때문이지요.

둥둥 / 엄마 오리 / 연못 위에 / 둥둥
동동 / 아기 오리 / 엄마 따라 / 동동
둥둥 / 엄마 오리 / 연못 속에 / 풍덩
동동 / 아기 오리 / 엄마 따라 / 퐁당

-「오리」(권태응)

이런 동시를 읽을 때도 아이들은 리듬감 때문에 읽기에 대한 부담을 최대한 덜어낼 수 있습니다. 이런 현상은 동요나 동시뿐 아니라 운율을 지닌 시나 전통적인 시조에서도 다르지 않습니다.

이 몸이 / 죽고 죽어 / 일백 번 / 고쳐 죽어
백골이 / 진토되어 / 넋이라도 / 있고 없고
임 향한 / 일편단심이야 / 가실 줄이 / 있으랴

-「단심가」(정몽주)

사실, 이런 시조를 읽을 때 누군가 일부러 알려 주지 않아도 우리는 끊어 읽는 곳을 자연스럽게 찾아내게 됩니다. 동시나 시조를 읽을 때 리듬감을 살려 노래를 부르듯 읽는 것은 읽기 상황에서 호흡을 어떻게 할 것인지와 관련되어 있습니다. 만약 아이가 이렇게 운율이 잘 드러나는 글을 읽을 때 리듬감을 살려서 끊어 읽지 못한다면 끊어 읽는 부분에서 손뼉을 한 번씩 쳐 보게 지도해 주세요. 그렇게 리듬감을 밖으로 꺼내어 읽어 보고 나면 다른 시들도 사이사이에 손뼉을 쳐 보려고 할 것입니다. 엄마와 아이가 번갈아 읽으며 리듬을 찾아보기도 하고, 같은 부분을 반복해서 읽거나 노래를 부르면서 익숙해지도록 도와주어야 합니다.

저렇게 많은 중에서
별 하나가 나를 내려다본다
이렇게 많은 사람 중에서
그 별 하나를 쳐다본다

밤이 깊을수록
별은 밝음 속에 사라지고
나는 어둠 속에 사라진다

이렇게 정다운
너 하나 나 하나는
어디서 무엇이 되어
다시 만나랴

-「저녁에」(김광섭)

운율이 밖으로 드러나는(외형률) 시는 물론, 위에 예로 든 「저녁에」처럼 운율이 안에 숨어 있는(내재율) 시 속에서도 섬세한 리듬감을 찾아내는 감각을 키울 수 있게 될 겁니다. 지금까지 예로 든 작품들은 모두 노래로 만들어져 있으니 아이와 함께 찾아 들어 보세요. 앞에서 보았던 『말놀이 동시집』이나 「개구리네 한솥밥」도 노래 부르듯 읽기 좋은 제재입니다.

물론 그렇다고 해서 모든 글을 노래 부르듯 장난스럽게 읽는 것은 곤란합니다. 하지만 글을 노래 부르듯 즐겁게 읽어 갈 수 있는 습관은 확실히 책 읽기를 가까이하는 좋은 방법 중 하나입니다.

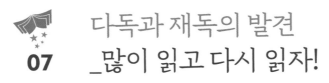

07 다독과 재독의 발견
_많이 읽고 다시 읽자!

　　아이가 성숙하고 세련된 독서가로 자라기 위해 가장
필요한 것은 당연히 어릴 때부터 책 읽기에 익숙해지도록 훈련하는
것입니다. 그리고 그 시작점에 늘 놓여 있는 것이 바로 '많이 읽기'인
다독(多讀)의 문제입니다.

　최근 보도된 자료에 의하면 우리나라 초등학교 4~6학년의 연간
평균 종이책 독서량은 약 70권 정도 되는데, 중학생이 되면 연 20권
수준으로 줄어든다고 합니다. 고등학생이나 성인과 비교하면 그 차
이는 더 뚜렷해집니다.(전자책이나 오디오북의 비율이 조금씩 증가하고
있다고는 하나 아직 전반적인 수준에는 영향을 미치지 못하므로 종이책을
기준으로 보겠습니다.)

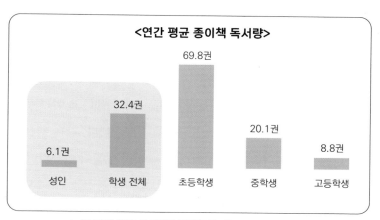

<연간 평균 종이책 독서량>

▲ 2019년 국민 독서실태 조사(문화체육관광부, 2020.4.20)

　이 사실만 보더라도 우리나라 초등학생들은 굉장한 다독가라고 할 수가 있겠습니다. 하지만 조사 대상에서 제외된 초등학교 1~3학년 학생들은 제시된 수치보다 훨씬 더 다독가라는 점은 짐작할 수 있겠지요? 어찌 되었든 우리나라 초등학생들은 이미 다독을 하고 있다고 볼 수 있습니다. 그런데도 우리는 어려서부터 가져온 소위 '다독 콤플렉스'에서 중고등학생이 되고 성인이 되어서도 벗어나지 못합니다. 사실 일 년에 몇 권을 읽는지는 중요하지 않습니다. 일 년에 백 권을 읽어도 얇은 책들만 읽었을 수도 있고, 일 년에 스무 권밖에 못 읽었더라도 두꺼운 책들로 읽었을 수도 있으니까요. 그래도 아이들에게 다독에 대한 긴장의 끈을 늦추기는 어렵습니다. '하루라도 글을 읽지 않으면 입안에 가시가 돋친다'고 믿어질 때까지 읽고 또 읽어야만 뇌를 키우고 마음을 키우고 지혜롭게 살아가는 힘을 키우게 될 테니까요. 그러려면 일 년에 겨우 여섯 권을 읽는 어른들도 아이 앞에서는 최선을 다해 다독을 실천해 보이도록 해야겠지요?

한편, 우리는 책 한 권을 여러 번 읽어야 한다는 말을 오래전부터 익숙하게 들어 왔습니다. 또 그렇게 하는 것이 옳다고 여겨 왔지만, 사실 그것이 쉽지는 않다는 것도 잘 알고 있습니다. 같은 책을 다시 읽는다는 말에는 다음과 같은 여러 가지 의미가 들어 있습니다.

- 어떤 책을 시간 간격을 두고 다시 읽는다.
- 어떤 책에 대한 나의 기억을 확인하며 읽는다.
- 어떤 책을 이해할 수 있을 때까지 읽는다.
- 어떤 책을 깊이 있게 읽는다.
- 어떤 책에 대하여 입장을 달리하여 읽는다.

'다시 읽기', 즉 재독(再讀)이 가진 매력적인 장점들 때문에 방학 기간에 아이가 특정 책 한 권을 여러 번 읽는 것과 여러 책을 다양하게 읽는 것 중 어느 것이 더 유익한지를 묻는다면 그 답을 내기가 쉽지 않습니다. 물론 다독은 책 읽기에서 매우 중요한 덕목이긴 합니다. 다독이 가져다주는 지적 포만감이나 심리적 만족감도 큰 몫을 하지만, 다독이라는 행위 자체가 가지고 있는 목표 지향성도 빼놓을 수 없기 때문이지요. '이번 여름 방학에는 책을 20권 읽을 거야.' 혹은

'내년에는 꼭 한 해에 100권 읽기를 달성할 거야.'와 같은 목표는 아이가 독서와 관련해서 더 부지런한 삶을 살아가도록 강하게 독려하고 있으니까요.

하지만 아이가 지금 당장은 다른 아이들보다 조금 느리게 가는 것처럼 보이더라도 책 읽기의 즐거움을 알고, 글의 맥락적 의미를 파악할 줄 알고, 본인의 독서 습관에 대해 점검할 줄 아는 사람으로 커 가기를 바란다면 '다시 읽기'를 권하고 싶습니다. 원래 같은 책을 세 번 정도 반복해서 읽으면 책 속에 들어 있는 웬만한 내용은 다 이해가 된다고 합니다. 옛말에도 독서백편의자현(讀書百篇意自現)[8]이라고 하였지요. '다시 읽기'를 위해서는 아이의, 혹은 그것을 지켜보는 엄마의 결단이 필요합니다. 왜냐하면 다시 읽는 행위는 이미 사용한 시간만큼의 시간을 더 필요로 하기 때문입니다. 일반적으로 어떤 책을 다시 읽을 때는 전보다 더 적은 시간이 소요되지만, 때에 따라서는 더 오랜 시간이 걸릴 수도 있습니다. 이미 읽은 똑같은 책을 읽는 데 소중한 시간을 허비할 수 없다고 여긴다면 '다시 읽기'는 권하지 않겠습니다.

그림책 같은 경우에는 한 번 읽고 나면 읽은 기념으로 책장의 정해진 자리를 오래 차지하는 특성이 있지요. 저희 집에 있는 오래된 그림책 이야기를 해 볼게요.

---

8 '책이나 글을 백 번 읽으면 그 뜻이 저절로 이해된다'는 뜻

사토 와키코의 그림책 『도깨비를 빨아버린 우리 엄마』(한림출판사)는 삽화 분위기가 특이하고 재미있어서 채리가 다섯 살 때쯤 이미 책꽂이에 입주하는 영광을 얻었습니다. 글을 읽기보다는 책장이 넘어갈 때마다 바뀌는 그림에 즐거워하던 시기였으므로 그때는 그저 한동안 아이에게 사랑받는 물건에 가까웠습니다. 그런데 저는 시간이 날 때면 아이의 책꽂이에 꽂힌 책들의 책등을 구경하며 멀거니 서 있는 버릇이 있습니다. 그렇게 별생각 없이 서 있다 보면 책꽂이의 먼지도 보이지만, 아이가 자란 흔적도 어디선가 보이고 게으른 흔적도 보이고 책 갈피갈피에 살아온 이야기들도 슬쩍슬쩍 보이거든요. 아이가 2학년이 될 무렵, 이 그림책이 다시 제 눈에 띄었습니다.

> 채리야, 예전에 엄마랑 『도깨비를 빨아버린 우리 엄마』 봤던 거 기억나?

> 네. 음… 그런데 사실은 잘 생각 안 나요.

> 오랜만에 그거 한번 보는 거 어떻게 생각해?

> 너무 아가들 책 아니에요?

> 그림책은 모두 아가들 책인가? 그림책을 제대로 읽을 줄 아는 사람은 책 속의 그림에 글을 맛있게 묻혀서 먹는 것처럼 보는 사람이래. 맛있게 본 책은 오래도록 마음에 남아서 생각하는 데 도움을 주거든. 어른들도 그게 잘 안 되는 사람이 많아서 어른들이 보는 그림책도 나오는걸.

😊 그림책을 어른들도 본다고요? 맛있게?

😊 그렇다니까.

    반신반의하며 아이는 다시 『도깨비를 빨아버린 우리 엄마』를 집어 들었습니다. 그리고 예전처럼 빨랫줄에 주렁주렁 매달려 있는 도깨비들의 모습에 홀딱 빠져 버렸습니다. 책을 읽고 나서는 "엄마, 이거 그림일기에 써도 되죠?"라며 그림일기도 작성하였습니다. 아이는 동화 속 체격 좋은 엄마의 모습을 쓱쓱 다시 그려 내고는 우리 엄마도 이랬으면 좋겠다고 아쉬워하기도 했습니다. 그리고 더 오랜 시간이 지나 그 그림책을 우연히 다시 만난 채리는 "엄마, 도깨비는 손빨래해도 될까? 그리고 그 도깨비 얼굴 말이야, 나한테 오면 내가 잘 그려 줄 수 있는데."라고 말하는 대학생이 되어 있었습니다.

▲ 아이가 그림일기에 남긴 『도깨비를 빨아버린 우리 엄마』

어찌 생각하면 학년이 올라가 훌쩍 커 버린 아이에게 쉬울 수도 있는 그림책을 다시 읽힌다는 것은 아이의 읽기 능력을 후퇴시킨다는 생각을 할 수도 있을 겁니다. 하지만 초등 저학년 시기에 읽기의 기초를 탄탄하게 다져 두려면 짧은 문장, 짧은 문단을 반복하여 읽는 것이 좋은 연습이 됩니다. 프랑스의 소설가 프루스트는 우리가 오래전에 보았던 책을 다시 읽음으로써 자신의 지난 과거를 다시 만날 수 있다고 말합니다. 우리가 어느 날 문득 학창 시절에 읽었던 명작을 꺼내 다시 읽음으로써 그때의 울림을 되살려내듯이, 아이들도 재독을 통해 과거의 어느 때 그 책을 읽던 자신을 떠올리며 시간여행을 하는 즐거움을 느꼈으면 좋겠습니다.

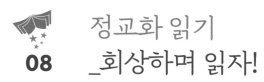

정교화 읽기
_회상하며 읽자!
08

 이번에는 짧은 이야기 한 편을 읽으면서 우리 머릿속
에서 일어나는 다양한 생각들을 살펴보는 것으로 시작해 볼까요?

「무엇이든지 다 준비하고 싶었던 엄마 이야기」

 Ⓐ 어느 엄마가 아이들 셋을 데리고 산에 가서 휴가를 보낼 작정이
었어. 엄마는 무얼 가지고 가야 하나 생각해 보았어. 일어날지도 모르
는 일을 다 생각해 내서 모든 것을 다 준비하고 싶었거든. Ⓑ 비가 올
수도 있지. 그래서 비옷을 준비하고 신발과 양말도 한두 켤레씩 더 준
비했단다. Ⓒ 산에서는 날이 일찍 어두워질지도 모르지. 그러니 각자가
손전등을 하나씩 가져가야 하지. Ⓓ 길을 잃어버릴 수도 있지. 그렇다

면 밖에서 밤을 지새울지도 모르잖아. 그래서 엄마는 천막과 침낭을 싸고 버너와 커다란 냄비 하나 그리고 며칠 동안 먹을 식량을 쌌단다. Ⓔ 누군가 아플지도 모르잖아. 그러니 여러 가지 의약품과 반창고는 필수지. Ⓕ 또 엄마한테 떠오른 생각은 안개가 낄지도 모른다는 거였어. 그래서 엄마는 아이들과 자기를 단단한 줄로 묶어 연결하고, 안개가 끼면 불 뿔피리도 목에 하나 걸었단다. Ⓖ 마침내 엄마와 아이들은 산으로 올라갔어. 모두 짐이 무거워 끙끙거리고 숨을 헐떡이며 땀을 흘렸지. 그런데 얼마 못 가서 엄마가 쇠똥을 밟았어. Ⓗ 엄마는 무거운 짐을 잔뜩 지고 있었기 때문에 눈 깜빡할 사이에 가파른 언덕에서 아래로 아래로 미끄러졌단다. Ⓘ 그리고 줄에 묶여 있던 아이들도 덩달아 미끄러졌지. Ⓙ 중간에 쇠똥이 있을 거라고는 엄마도 미처 생각하지 못한 거야. Ⓚ

–『심심할 때마다 꺼내 읽는 29가지 별난 이야기』[9] 중에서

Ⓐ~Ⓙ까지 표시한 지점은 제목과 앞 문장을 읽고 숨을 돌리면서 다음 문장을 만날 준비를 하는 장소라고 생각하면 됩니다. Ⓐ지점부터 Ⓚ지점에 다다를 때까지 각 지점에서 아이와 엄마에게 떠오르는 생각들을 알아볼까요?

---

9 『심심할 때마다 꺼내 읽는 29가지 별난 이야기』(우르줄라 뵐펠 저)는 그림 한 컷에 짧은 한 편의 이야기가 짝지어져 있는 동화입니다. 엉뚱하고 재미있는 상상력이 독특하지만, 무엇인가 숨겨진 의미를 생각하게 하는 바가 있어 어른들에게도 권할 만합니다.

Ⓐ 지점

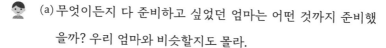

(a) 무엇이든지 다 준비하고 싶었던 엄마는 어떤 것까지 준비했을까? 우리 엄마와 비슷할지도 몰라.

(b) 그래, 그게 엄마 마음이지. 하지만 무엇이든지 다 준비했다고 해도 뭔가 부족한 게 있었을걸?

Ⓑ 지점

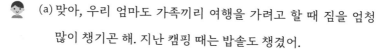

(a) 맞아, 우리 엄마도 가족끼리 여행을 가려고 할 때 짐을 엄청 많이 챙기곤 해. 지난 캠핑 때는 밥솥도 챙겼어.

(b) 아이 셋과 산에 가려면 당연히 철저하게 준비해야지.

Ⓒ 지점

(a) 여행 갔을 때 비가 오는 건 정말 싫어. 하지만 비옷은 눅눅하고 답답해서 더 싫은데…

(b) 비옷과 우산은 꼭 챙겨야 해. 산에서는 비가 언제 올지 몰라.

Ⓓ 지점

(a) 손전등을 가져가면 재미있겠다. 이불 속에서 귀신 놀이를 하면 좋을 거야.

(b) 손전등은 아이들이 가지고 다니기 힘드니 목에 거는, 가벼운 걸로 준비하는 게 낫겠네.

ⓔ 지점

🧒 (a) 엄마도 내가 친구들과 놀러 간다고 하면 가방에 먹을 걸 너무 많이 챙기곤 해. 매번 남겨 와서 버리게 되는데도.

👩 (b) 아이들은 밖에 나가면 언제나 배고파했었어. 그러니 먹을거리를 넉넉히 챙겨야 해. 나가서 구하려면 훨씬 비싸거든.

ⓕ 지점

🧒 (a) 엄마는 내가 아플까 봐 걱정이 너무 많아. 그래서 지난주에 축구 하다가 다친 것도 엄마한테 이야기하지 않았어.

👩 (b) 지난번 여행에서 아이가 밤에 열이 나는데 해열제가 없어서 애를 먹었어. 아이들이랑 어디 가려면 준비할 게 정말 많아.

ⓖ 지점

🧒 (a) 맙소사, 뿔피리는 또 뭐람. 이 엄마는 어딘가 우리 엄마와 많이 닮은 거 같아. 작년에 캠프 갔을 때 우리 엄마도 내 목에 호루라기를 걸어 줬었어.

👩 (b) 이 엄마 정말 철두철미하네. 마음에 들어. 이 정도 준비면 애들 데리고 문제없겠지.

Ⓗ 지점

(a) 크크크크 쇠똥을 밟았대. 엄청 냄새나겠다. 오래전에 나도 쇠똥을 밟은 적 있는데 신발에서 한 달 동안은 냄새가 났어.

(b) 가엾어라. 이를 어째. 짐이 많아서 앞을 제대로 못 본 게야.

Ⓘ 지점

(a) 우와, 신기하다. 쇠똥을 밟아서 그렇게 미끄러져 간다고?

(b) 쇠똥이 미끄럽긴 하지. 이러다 허리 다치겠네.

Ⓙ 지점

(a) 참, 아이들도 줄줄이 연결되어 있었지. 되게 웃겼겠다.

(b) 이런, 이런! 아이들까지… 대참사가 일어나겠는걸.

Ⓚ 지점

(a) 쇠똥을 타고 어디까지 미끄러졌을까? 그리고 다시 산에 올라갔을까? 우리 엄마라면 집에 가서 씻어야 한다고 했을 거야.

(b) 왜 하필 그때 쇠똥을 밟아서… 이제 어떻게 하지? 아이들은 안 다쳤으려나? 짐을 너무 많이 챙긴 것이 문제였을까?

이야기를 읽는 동안 각 지점에서 아이와 엄마가 떠올렸을 각기 다른 경험과 각자의 느낌을 표현해 보았습니다. 물론 이것들은 모두 아이와 엄마의 머릿속에서 이루어지는 일종의 혼잣말이지만 읽은 내용을 회상하도록 촉진하는 역할을 합니다. 이렇게 우리가 책을 읽을 때 글과 글이 이어지는 사이사이에 낱말과 문장을 이해하는 행위 외에, 기존에 가지고 있던 스키마와 연합하여 다양한 생각들이 만들어지는 것을 '정교화(elaboration)'라고 합니다. 정교화는 책을 읽고 있는 사람, 즉 독자에 따라 다르게 일어나며, 같은 독자가 같은 책을 읽어도 상황에 따라 다르게 일어나기 때문에 매우 흥미롭습니다.

그런데 정교화 과정에 일어나는 생각들을 살펴보면 작가가 원래 의도하지 않았던 내용들이 대부분입니다. 또 독자가 책을 읽으면서 일부러 떠올리려 하지 않아도 자연스럽게 생겨나는 특성이 있기도 하고, 때로는 불필요한 정교화로 인하여 독서를 이어가는 데 방해가 될 때도 있습니다. 그래서 정교화는 '초대받지 않은 추론(uninvited inferences)'이라는 별칭을 가지고 있기도 합니다.

이런 정교화를 촉진하는 방법은 Ⓐ의 (a), (b)에서처럼 앞으로 일어날 일을 예측하거나, Ⓔ의 (a), (b)에서와 같이 새로운 내용과 본인이 가지고 있는 스키마를 합치기도 하고, Ⓗ의 (a)처럼 심상을 형성하기도 하며, Ⓒ의 (a)나 Ⓖ의 (a)에서처럼 정서적·심미적으로 반응하거나 Ⓚ의 (b)에서처럼 상황에 대해 종합적으로 판단하고 평가하는 등 다양한 사고 과정을 이끌어 주는 것입니다.

물론 이러한 과정 중에는 글을 읽어 나가는 데 도움이 되는 것도 있고, 그리 도움이 되지 않는 것도 있습니다. Ⓓ의 (a), Ⓕ의 (a), Ⓗ의

(a)와 같은 사고는 정교화 과정에서 충분히 일어날 수 있지만, 자칫 글의 이해와는 상관없는 방향으로 나아갈 수 있습니다. 그러니 정교화는 책을 읽을 때 자연스럽게 생겨나지만, 반드시 읽고 있는 글과 관련된 범위에서 이루어져야 한다는 점에 주의해 주세요. 그렇지 않으면 책의 내용이나 작가가 의도하는 메시지를 이해하는 데 오히려 방해가 될 수 있으니까요.

아이들이 책을 읽고 정교화하는 과정은 눈에 보이지 않으니, 정교화가 잘 일어나게 하려면 먼저 엄마가 아이와 충분히 질문과 대화를 나누는 것이 가장 필요합니다. 아이의 표정과 목소리를 통해 '보이는 정교화 과정'을 충분히 연습하고 나면 자연스럽게 아이 혼자 '보이지 않는 정교화 과정'으로 몰입해 갈 수 있게 될 테니까요.

읽기의 정교화를 연습할 수 있는 쉬운 방법으로 '이야기 이어가기 게임'을 소개합니다. '이야기 이어가기 게임'은 말 그대로, 먼저 나온 이야기에 이어 자신이 만든 이야기로 스토리를 완성해 가는 게임입니다.

[이야기 이어가기 게임]

🧑 어느 멀고 먼 나라에 늘 배가 고픈 아이가 살았습니다. 아이는 먹고 또 먹어도 늘 배가 고팠어요.

🧑 아이는 매일매일 하늘에서 햄버거나 피자 같은 음식이 떨어지면 좋겠다고 생각했어요.

🧑 그리고 정말 어느 날 하늘에서 커다란 피자가 떨어졌어요. 아이

는 신나게 피자를 먹었어요.

그리고 피자 한 조각을 남겨 뒀다가 마당에 정성스럽게 심었어요.

그랬더니 그 자리에서 조그만 나무가 자라기 시작했어요.

나무는 쑥쑥 자라나 어느새 하늘에 닿을 만큼이나 키가 커졌어요.

아이는 나무를 타고 하늘 끝까지 올라갔어요.

그곳에는 집채만 한 거인이 커다란 피자를 굽고 있었어요.

아이는 거인과 친해져서 피자 굽는 방법을 배우게 되었어요.

그래서 거인과 함께 커다란 피자를 만들어 실컷 먹으면서 행복하게 살았답니다.

초등학교 저학년 시기의 아이들은 상상력이 풍부하므로 기발하고 재미있는 이야기를 잘 만들어 냅니다. 이렇게 아이와 번갈아 가며 한 문장씩 이야기 만들기를 할 때, 앞의 내용을 먼저 이해하고 그것과 자연스럽게 이어질 수 있는 내용을 고민하는 과정이 반복됩니다. 바로 이 고민의 과정에서 아이는 자신의 경험을 떠올리거나 기분을 이입하기도 하고, 자기가 이미 알고 있는 책이나 영화 이야기를 떠올리며 흉내 내 보기도 합니다. 이것은 마치 아이가 책을 읽으면서 자연스럽게 떠올리는 다양한 사고 과정과 닮아 있지요. 아이가 아직 그럴듯한 문장이나 이야기를 만들어 내는 데 서툴더라도 한 문장씩 주고받으면서 이야기의 분량을 늘려 보세요.

책을 읽을 때 정교화를 많이 하는 사람은 그렇지 않은 사람에 비해 많은 내용을 회상할 수 있습니다. 그래서 아이들이 정교화하는 과정을 확인하고 이를 촉진하는 것은 책 읽기 지도의 중요한 방법이 됩니다. 아이가 능동적으로 책을 읽도록 하려면 아이의 다양한 모습을 인정하고 문장에 대한, 글에 대한 해석에서 '정답은 하나'라는 생각은 버려야겠지요? 모든 수준의 모든 아이가 자기만의 경험과 능력을 갖추고 정교화하는 과정에서 충분히 격려받아야 양질의 독서를 해 나갈 수 있습니다.

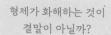

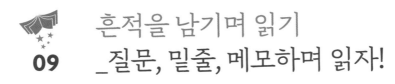

흔적을 남기며 읽기
_질문, 밑줄, 메모하며 읽자!

09

아이가 다 읽고 난 책들은 어떤 모습을 하고 있으면 좋을까요? 대개 엄마들은 책이 바르게 책등을 보이며 깨끗한 상태로 책꽂이에 꽂혀 있는 장면을 상상할지도 모르겠습니다. 하지만 책을 맛있게 읽는 방법, 아이가 책을 친구처럼 느끼도록 만드는 방법은 조금 다릅니다. 이 장에서는 책을 읽으며 빈칸을 만들어 채워 보고 질문을 하거나 밑줄을 긋기도 하고 책 여백에 끄적끄적 메모도 남겨 보는 방법을 소개하려고 합니다.

◆질문하며 읽기

다음 동시를 읽으면서 빈칸에 어떤 낱말이 들어가면 좋을지 생각
해 보세요.

[빈칸 낱말 추측하기]

우리 아기는
아래 발치에서 (   )

고양이는
부뚜막에서 (   )

아기바람이
나뭇가지에 (   )

아저씨 해님이
하늘 한가운데서 (   )

이때 아기가 코 고는 소리, 고양이가 가릉거리는 소리, 나뭇가지
에 부는 바람 소리, 해님이 뜨겁게 내리쬐는 모양에 해당하는 낱말
들이 다양하게 들어갈 수 있겠지요? 이미 알려진 동시이지만 이렇게
먼저 시를 만날 때에 정답은 정해져 있지 않습니다. 그럼 이번엔 이
런 건 어떨까요?

아래 발치에서 코올코올
(누가?)

부뚜막에서 가릉가릉
(누가?)

나뭇가지에 소올소올
(누가?)

하늘 한가운데서 째앵째앵
(누가?)

이렇게 반대로 질문을 던지며 대답을 찾아가는 것도 재미있는 활동이 됩니다.

또, 동시가 아닌 이야기 글을 읽을 때는 다음과 같이 이어 주는 말을 생각하며 읽는 활동도 유익합니다.

[이어지는 말 추측하기]

거인 에이트의 꽃밭에는 이상한 나무가 한 그루 있었어요. 나무는 제멋대로에다 자기밖에 몰랐어요. 나무는 새들이 모여 앉아 떠드는 게 싫어서 가지도 없이 잎사귀 몇 개만 돋아나게 했어요. (ⓐ) 새들이 집을 지을 수 없을 테니까요. 새들도 목 언저리에 나뭇잎 몇 장밖에 없는 이 나무를 좋아하지 않았어요. (ⓑ) 나무의 꽃에서는 아무 향기도 나지 않았어요. (ⓒ) 나무는 벌이나 나비가 놀러 오는 것도 싫었으니까요. (ⓓ) 나무는 아이들도 싫어했어요. 아이들이 나무에 오르지 못하도록 나무의 몸은 미끌미끌했어요. (ⓔ) 개구쟁이 아이들은 밧줄이랑 사다리를 가져와서 나무와 놀고 싶어 했어요.[10]

-『행복한 의자나무』(량 슈린 저, 북뱅크) 중에서

아이에게 책을 읽어 주다가 ⓐ~ⓔ까지 자리에 빈칸을 만들어 어떤 말이 들어가면 좋을지 질문을 던져 보세요. 문장과 문장을 이어 주는 말인 접속사를 적절히 넣어 읽을 수 있다면 글의 흐름을 잘 이해하고 있다는 의미이니까요. 일상생활에서 흔히 사용할 수 있는 쉬운 상황에서 시작하여 조금씩 어려운 문장들 안에서 이어 주는 말을 지우고 알아갈 수 있도록 연습하면 됩니다.

글 내용의 일부를 빈칸을 만들어 질문과 대답으로 상호작용하는 방법 중에는 제목을 활용하는 방법도 있습니다. 자, 그럼 다음에 나오는 시 두 편의 제목은 각각 무엇으로 하면 좋을지 한번 생각해 보세요.

---

10 ⓐ 그러면 ⓑ 또 ⓒ 왜냐하면 ⓓ 그리고 ⓔ 그래도

[제목 추측하기]

(A) ( )[11] 윤동주	(B) ( )[12] 윤동주
우리 아기는 아래 발치에서 코올코올 고양이는 부뚜막에서 가릉가릉 아기바람이 나뭇가지에 소올소올 아저씨 해님이 하늘 한가운데서 째앵째앵	바닷가 사람 물고기 잡아먹고 살고 산골엣 사람 감자 구워 먹고 살고 별나라 사람 무얼 먹고 사나

글의 제목을 만들어 보는 것은 글 전체를 어떻게 이해하고 머릿속에 어떤 주제를 상상하고 있는지를 확인할 수 있는 좋은 활동입니다. (A)에서는 아기가 평화롭게 잠을 자고 있고 고양이도 코를 골며 잠들어 있는 곳, 나뭇가지에 순한 바람이 스치고 햇빛은 환하게 빛나는 때를 떠올려 보면 되겠죠? (B)에서는 사는 곳에 따라 사람들이 먹고 사는 것이 다르니 별나라 사람은 도대체 무엇을 먹고 살까 질문을 해 보는 글입니다. 그 대답도 사람마다 생각하기 나름일 테니 정답은 없겠

---

11 봄   **12** 무얼 먹고 사나

지요. 다만 글 전체를 아우르는 표현을 만들어 내면 좋겠습니다.

- 별나라 사람은 무얼 먹지?
- 사람이 먹고 사는 것
- 바닷가 사람, 산골 사람, 별나라 사람

이런 식으로 만들어도 괜찮습니다. 같은 글이라고 하지만 얼마든지 다른 제목이 붙여질 수 있으니까요.

◆ 밑줄 그으며 읽기

책을 읽을 때 밑줄을 긋거나 동그라미 표시를 하고 때로는 형광펜으로 도드라져 보이게 해 두었던 경험, 다들 있으시죠? 수업 시간에 선생님 설명을 들으며 교과서에 밑줄을 그었던 기억도 나고, 시험 기간에 까맣게 밑줄을 그으며 암기하던 요약 노트도 떠오르지 않을까 싶습니다. 실제로 '밑줄 그으며 읽기'는 책의 내용을 이해하고 오래 기억하게 하는 데 이미 검증된 효과를 가지고 있습니다.

하지만 요즘은 아이들 책을 도서관에서 대여해서 읽히는 경우가 많아 아이들이 책에 밑줄을 긋거나 표시를 할 수 없는 것이 현실입니다. 그렇다고 모든 책을 구매하여 읽히자니 한 번 읽고 마는 책들도 많아 부담이 되는 것 또한 사실이고요. 그렇다면 아이가 재미있게 읽고 소장하고 싶어 하는 책이나 여러 번 반복해서 읽으면 좋은 책을 선별 구입하여 밑줄이나 표시하며 읽는 방법을 해 보시길 권해 봅니다.

독서 지도를 하면서 아이들에게 '표시하며 읽기'를 시켜 본 적이 있었습니다. 어떤 아이는 책의 몇 군데에 자를 대고 똑바로 밑줄을 그어 놓았고, 또 다른 아이는 마음에 드는 삽화가 있는 페이지에 조그만 스티커를 붙여 두었습니다. 또, 책의 첫 장부터 마지막 장까지 모든 문장에 줄을 그어 놓은 아이도 있었고, 책의 여백에 마음껏 로봇을 그려 놓은 아이도 있었습니다.

책에 표시하는 방법은 얼마든지 다양하게 있을 수 있습니다. 재미있는 말이나 잘 이해되지 않는 표현에 밑줄을 긋거나 동그라미를 칠 수 있습니다. 사람 이름이나 호칭에는 동그라미 표시를, 장소를 나타내는 낱말에는 세모 표시를, 형용사나 동사에는 네모 표시를 해 볼 수도 있습니다. 반복되는 문장을 괄호로 묶어 보거나 마음에 드는 표현이 나오는 곳에 형광펜으로 표시를 할 수도 있습니다. 모든 책을 이렇게 읽을 필요는 없지만 이렇게 표시해 둔 책은 한 권의 책이면서 동시에 아이의 노트가 됩니다.

밑줄을 긋거나 표시하며 읽으면 좋은 점이 몇 가지 있습니다. 첫째, 그 책의 내용을 기억하는 데 유리합니다. 사실 작가의 언어와 삽화가의 그림으로 이루어져 완성된 책은 독자가 끼어들 틈이 없습니다. 하지만 그 책 속에 무언가 흔적을 남길 수 있다면 이야기가 좀 달라집니다. 그 책은 출판사에서 수천, 수만 부가 똑같이 인쇄되어 나온 책이지만 나의 흔적이 남는 순간부터 나의 이야기가 함께 담긴 책으로 기억될 테니까요.

둘째, 그 책의 요약문이나 감상문 등 관련 글을 쓸 때 유용합니다. 책을 읽고 감상을 쓰거나 책에 관련된 이야기를 쓰려고 할 때, 책에 남겨 놓은 흔적들은 글의 뼈대 역할을 할 수 있습니다. 내가 더 고민하며 읽었던 부분, 내가 어려워했던 부분, 내가 재미있어했던 부분들이 결국 내가 그 책에 대한 글을 쓸 때 가장 중요한 내용이 될 테니까요.

셋째, 그 책을 두 번째 읽을 때부터는 자기가 표시한 것들을 기반으로 하여 변화되거나 보다 발전, 심화된 생각을 키울 수 있습니다. 책을 다시 읽는 것은 단순히 읽는 행위만 반복되어서는 안 됩니다. 예전보다 더 잘 읽을 수 있어야 하고, 예전에 본인이 읽었던 방법이나 이해했던 방식을 돌아보고 더 좋은 방법을 찾아갈 수 있어야 합니다.

넷째, 시간여행을 할 수 있습니다. 밑줄을 그어 놓은 곳을 다시 읽으면서 '내가 예전에 이런 표현을 좋아했구나.', '이런 문장을 어렵다고 생각했구나.', '이 부분을 읽을 때 그런 생각을 했었지.', '이 책을 읽을 무렵엔 그런 일들이 있었어.' 하고 과거 자기의 모습을 떠올리게 됩니다. 아이가 다시 책을 펼치는 순간, 예전에 읽었던 책에 대한 기억과 추억이 함께 떠오르게 될 겁니다.

단, 밑줄 그으며 읽기는 책을 깨끗하게 보관하기를 원하는 성향의 아이에게는 권하지 않습니다. 아이마다 성향이 다르므로 무조건 적용하려 하기보다 아이의 반응을 살펴 가며 색깔 테이프나 귀여운 메모지 등으로 대체해 보세요. 그렇게, 우리 아이에게 맞는 최적의 방법을 찾아 나가면 좋겠습니다.

◆ 메모하며 읽기

책을 읽으며 메모를 한다는 것은 책의 어느 부분에서 연관 지어 알아야 할 것이나 떠오른 생각 같은 것을 책의 여백에 써넣는 행위를 말합니다. 『독서의 신』(추수밭)의 저자 마쓰오카 세이고는 "독서는 그 사람이 무엇을 읽고 있는지는 알 수 있지만, 그 사람이 어떻게 읽고 있는지는 알 수 없다."라고 말합니다. 우리는 책을 읽으면서 끊임없이 자기의 감정이나 생각을 머릿속에서 혹은 가슴 속에서 함께 섞이도록 만듭니다. 그래서 책을 읽다가 자기도 모르게 고개를 끄덕이기도 하고, 무언가가 생각나서 눈물을 흘리기도 하며, 슬며시 미소를 짓게 되기도 하지요. 책을 어떻게 읽었는가에 대한 대답의 일부가 읽기 중에 기록한 메모에 들어 있습니다.

제 이야기를 하나 들려 드릴게요. 예전에 제가 가르침을 받던 선생님 중에 유난히 독서를 즐겁게 하는 분이 계셨습니다. 어눌한 듯하면서도 수줍게 말씀하셨지만, 선생님의 독서량이나 독서 범위는 상상할 수 없을 만큼 엄청나고 넓어 보였습니다. 소개해 주시는 책마다 궁금해서 매번 찾아보곤 했지요. 그러던 중, 선생님은 책을 읽으면서 어떤 생각들을 하실까 궁금해졌습니다. 일일이 여쭈어볼 수는 없으니 무슨 방법이 없을까 고민하다가 마침내 좋은 생각이 하나 떠올랐습니다. 조금 조심스럽긴 하지만, 선생님께 책을 빌려달라고 부탁을 드리는 것이었지요. 두 권을 부탁드렸는데 마침 시중에는 절판이 된 책이기도 해서 선생님은 흔쾌히 빌려주셨습니다. 그 책 두 권을 조심스레 집으로 모셔 온 저는 가슴을 두근거리며 책장을 펼쳐 보기 시작했습니다. 사실, 절판된 같은 책 두 권은 도서관에서 이미 구해서 읽고, 복사하고 제본까지 떠 놓은 상태였고, 이제는 책갈피마다 선생님 생각을 훔쳐보는 일만 남아 있었습니다. 예상했던 것처럼 선생님은 책에 밑줄, 동그라미, 물음표, 별표는 물론 여백에는 메모가 군데군데 채워져 있었습니다. 저는 미리 제본해 둔 두 권의 책에 선생님이 표시해 놓은 것과 똑같이 밑줄을 긋고 표시하고 메모까지 옮겨 적었습니다. 생각보다 많은 시간이 걸렸습니다. 선생님이 밑줄을 그어 놓으신 부분이 중요한 내용일 것이라는 믿음으로 열심히 따라 옮기는 것으로 작업이 단순하게 시작되었지만, 점점 '이 대목에서 왜 이런 생각을 하셨을까?', '여기서는 이 책을 떠올리셨구나. 나도 찾아보아야겠다.', '아, 이 부분에서는 나와 달리 이런 생각을 하셨구나.', '하하, 선생님도 이 장은 지루하다고 느끼셨구나.'와 같이 책 안에서 생각이 합쳐지느라 시간 가는 줄 몰랐습니다. 이렇게 모두 옮겨 적고 나니 누군가와 오랜 대화를 끝낸 것 같은 느낌이 들었습니다. 그리고 어느새 선생님과 한층 가까워진 것 같은 혼자만의 친밀감을 느끼게 되었습니다. 그 후로 선생님 수업을 들을 때면 더 많이 고개를 끄덕이게 되고 더 많이 미소 짓게 되었는데 아마도 선생님은 그 이유를 지금도 모르고 계실 겁니다.

메모하며 읽는다는 것은 사실 어떤 방식으로든 다시 읽는다는 것을 전제로 합니다. 책에 무언가 표시해 둔다는 것은 책을 읽을 때 자연스레 흘러넘치던 생각들을 잘 모아 두었다가 다음에 그 책을 다시 펼쳤을 때 쉽게 찾을 수 있게 하기 위한 장치이기도 하니까요. 그런데 자기가 메모해 둔 것을 본인이 다시 보게 되기도 하지만, 다른 사람이 보게 되는 경우도 생길 수 있습니다.

참고하고 비교할 만한 내용은 책의 여백에 아주 작은 글씨로 또박또박 적어나간다. 상단의 여백에 적다가 넘치면 행간에 적고, 행간이 복잡해지면 붉은 먹으로 구분해서 적었다. 그래도 쓸 게 남아 있으면 아예 종이를 덧붙여서 마저 적었다. 그렇게 메모로 빼곡한 책장을 한 장 한 장 넘길 때 그는 얼마나 뿌듯했을까?

-『책벌레와 메모광』(정민 저, 문학동네) 중에서

작가는 옛사람이 책에 남긴 메모를 보면서 이렇게 무릎을 칩니다. 메모를 하는 방식은 사람마다 각자 다르지만 메모하기를 즐기는 사람들의 책에서는 모두 책에 대한 사랑이 묻어납니다. 내가 남긴 메모를 다른 사람이 보게 되면 어떤 생각을 하게 될까요? 또 다른 사람이 책에 남긴 메모를 보는 순간 나는 어떤 느낌이 들게 되나요? 메모는 온전히 자기만의 책이라고 생각할 때 하는 것이 일반적이고 그 메모는 본인이 다시 보게 되는 경우가 많습니다. 하지만 이렇게 뜻하지 않게 다른 사람의 메모를 마주하게 되면 의외의 팁이 생기기도 합니다. 예전에 책을 읽었던 사람의 시간과 공간이 그리고 그때의 마음이 함께 다가오기도 합니다. 내 책에 다른 사람에게 보이기 위한 메모를 하는 것은 필요하지 않습니다. 다만 나의 책에 지금 내가 가진 넘치는 마음과 생각을 조금 덜어낼 수 있다면 책은 좋은 그릇이 될 수 있지 않을까요?

아이에게 좋은 책을 선물하고 그 책을 마음의 그릇으로 사용할 수 있게 해 주세요. 책의 앞장에 엄마가 현재 전하고 싶은 메시지를 담아 준다면 더 의미 있는 그릇이 되겠지요?

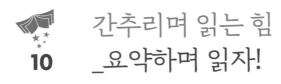

간추리며 읽는 힘
_요약하며 읽자!

10

　　글을 읽고 요약한다고 하면 보통 요약문을 쓰는 것을 떠올립니다. 그런데 요약은 사실 요약문을 쓰기 위해서 하는 활동만은 아닙니다. 아이의 학년이나 읽는 책의 종류에 상관없이, 책을 읽는 동안 아이의 머릿속에서는 요약이 진행됩니다. 그리고 책 읽기에 익숙한 아이들은 책 읽기를 즐겨하지 않는 아이들보다 요약을 잘합니다. 요약을 잘한다는 것은 책 속에서 기억해야 할 내용을 잘 선택하고, 필요하지 않은 부분은 과감히 버리기도 하고, 책 속의 언어가 아닌 자신만의 언어로 생각을 정리할 줄 안다는 말입니다. 이 장에서는 요약하며 읽는 방법에 관해 이야기하려고 합니다.

◆기억하며 읽기

책 읽기를 즐겨하고 익숙한 아이들은 책 속에서 기억해야 할 중요한 정보를 잘 골라냅니다. 아이는 묵독이 익숙해지면서 책 속에 나왔던 등장인물의 이름이나 사건이 일어난 순서, 장소, 갈등이 해소되는 계기 등을 기억하면서 읽게 됩니다. 비문학 도서의 경우, 낯선 어휘나 현상을 기억하고 중요하다고 판단되는 개념들을 머릿속에 담아두며 읽게 됩니다. 이때 가장 중요하다고 생각하는 정보를 선택하기도 하고, 가장 중요한 문제가 무엇인지 판단하기도 하고, 더 중요하고 덜 중요한 표현이 무엇인지 가려내는 작업도 하게 됩니다. 그리고 본인의 중심 생각을 정리합니다.

다음 독후감을 보면서 조금 더 풀어서 이야기해 보도록 하겠습니다. 독일 작가 모니카 페트의 『행복한 청소부』(풀빛)를 읽고 채리는 아래와 같은 감상문을 적습니다.

> 아저씨는 작가와 음악가들의 거리에서 표지판을 닦다가 작가와 음악가들의 공부를 열심히 하게 되었다. 그래서 유명한 청소부가 되어서 대학에서 강의도 해 달라고 했다. 하지만 아저씨는 계속 청소부로 남았다. 나 같으면 교수님이 되었을 텐데. 하긴, 청소부 아저씨가 모두 공부해서 교수님이 된다면 거리 청소를 아무도 안 하겠지? 그러면 책 제목도 '행복한 청소부'가 아니라 '행복한 교수님'이 될 거야.

밑줄 친 부분은 책의 줄거리가 요약된 부분입니다. 정말 간단하게 정리가 되어 있습니다. 먼저, 청소부 아저씨가 예술에 관심을 갖고 공부하게 되었다는 사실을 가장 중요한 정보로 선택하였습니다.(정보 선택하기) 그리고 이 내용 안에서 무엇이 중요한 문제인지를 찾아낸 것 같습니다. 누가 보더라도 청소부보다는 교수님이 좋은 직업으로 보일 테니, 아저씨가 청소부와 교수님 사이에서 갈등했을 것이라는 판단을 한 듯합니다.(중요한 문제 판단하기) 그리고 청소부 아저씨의 선택이 객관적으로 보기에는 아쉽지만 나름의 타당한 이유가 있을 거라 판단하고 본인의 생각을 정리하고 있습니다.(중심 생각 정리하기)

이렇게 기억하며 읽는 과정에서는 책에서 필요한 정보를 선택하고, 중요하다고 판단한 문제를 찾아내고, 또 그것에 대한 자기의 생각을 정리하는 사고 활동이 필요합니다. 그러나 각 단계에서 일반적으로 예상되는 정보를 선택하지 않거나, 중요한 문제를 다르게 판단할 수도 있습니다. 책 읽기에 서툰 아이들은 자기가 흥미롭다고 생각한 것을 골라내는 경향도 있으니까요. 그렇게 되면 중심 생각도 다른 방향에서 정리되겠지만, 저학년 아이들에게 고정된 생각을 유도하는 것은 바람직하지 않습니다. 예를 들면 아이의 머릿속에서 다음과 같은 기억하며 읽기가 일어나도 괜찮습니다. 책에 대한 판단은 철저하게 독자의 몫이고, 그것은 계속해서 변하며 또 늘 열려 있으니까요.

아저씨는 거리를 청소하는 것이 힘들었지만 음악 공부를 하게 되면서 일이 즐거워졌다. 그래서 대학에서 강의를 제안받았을 때 마음이 흔들렸다. 그래도 계속 청소부 일을 하면서 자기 자리를 지켰다. 청소부가 교수가 되었다고 사람들의 입에 오르내릴까 봐 두려웠을지도 모른다. 하지만 세월이 많이 흐르고 나서 아저씨는 후회하게 될 것이다.

◆버리며 읽기

책을 다 읽은 아이에게 책의 내용에 관해 물어본 경험이 있을 겁니다. 아이가 생각보다 많은 인물이나 사건, 혹은 새로운 어휘 등을 기억하고 있어 기특했던 적도 있고, 잘 기억이 안 난다는 반응에 실망한 적도 있으시죠? 하지만 책을 읽고 기억하는 분량이 많다고 해서 무조건 독서 능력이 뛰어나다고 평가할 수는 없습니다.

내 친구 영희는 공부는 잘하지 못하지만 친구들과 사이가 좋고, 먹을 것도 잘 나누어 주는 착한 친구다. 그런데 일주일 전에 나는 영희와 다투게 되었다. 그림을 그리다가 노란색 물감이 다 떨어져서 영희에게 빌려달라고 했는데 영희는 노란색 물감이 없다고 나한테 거짓말을 한 것이다. 나는 그림을 잘 그리지만 영희는 그림을 잘 못 그린다. [나는 영희가 노란색 물감을 가지고 있던 것을 보았기 때문에 있으면서 왜 빌려주지 않느냐고 그랬고, 영희는 계속 없다고 시치미를 떼었다. 그렇게 실랑이를 하던 중 영희의 필통이 쏟아지면서 노란색 물감이 바닥에 떨어졌다.] <u>노란색은 내가 제일 좋아하는 색깔이었다.</u> [영희는 노란색 물감이 필통에 들어 있는 걸 몰랐다고 말했지만] 사실은 나한테 빌려주기 싫어서 그랬던 것 같다. 나는 한동안 영희와 말을 안 하고 지내다가 오늘 화해를 했다. <u>영희가 색종이 접기를 좋아하기 때문이다.</u>

최근에 영희와 나 사이에 어떤 일이 있었는지에 대해서 사건을 요약하여 적은 글입니다. 이 글을 통해서 다시 확인해 볼까요? 이 글에서 요약에 필요하지 않은 부분에는 밑줄을 그어 놓았습니다. 아이들이 있었던 일을 회상하는 과정에는 이렇게 글의 진행과는 직접 관련이 없는 내용들이 끼어드는 경우가 종종 있습니다.(관련 없는 내용 버리기) 이런 요소들을 정확하게 잘라내는 작업, 버리는 작업이 요약하기에서 중요한 기술이 됩니다. 이렇게 이야기 진행과 관련 없는 내용을 버리는 것은 물론이고, 대괄호 [ ]로 묶어 놓은 부분도 같은 이야기가 반복되는 부분이므로 과감하게 버려야 합니다.(반복되는 내용 버리기) 그럼 이제 불필요한 부분을 버리고 다시 요약해 볼까요?

> 일주일 전에 나는 영희와 다투었다. 내가 영희에게 노란색 물감을 빌
> 려달라고 했는데 영희는 없다고 거짓말을 했기 때문이다. 영희는 아
> 니라고 했지만 아무래도 나한테 빌려주기 싫어서 그랬던 것 같다. 그
> 래서 한동안 영희와 말을 하지 않고 지내다가 오늘 화해를 했다.

　이렇게 간단한 글이 될 수 있습니다. 버리며 읽는다는 것은 기억
이나 이해의 흐름에 방해가 되는 요소들을 과감하게 지워 버린다는
뜻입니다. 앞에서 본 『행복한 청소부』에 대한 감상문에서도 보면 글
의 흐름에 방해되는 잔가지 같은 요소들을 과감하게 잘라내어 간단
한 요약문을 만든 것을 확인할 수 있겠지요?
　굳이 글로 요약을 남기지 않더라도 머릿속에서 버리는 연습을 잘
해 두면, 회상할 때나 말할 때도 정확하고 간결하게 사고를 정리할
수 있습니다. '버리며 읽기'는 평소에 대화를 나눌 때 상대방의 이야
기에서 중요하지 않다고 생각되는 부분을 버리면서 이해하거나, 누
군가에게 들은 이야기를 다른 사람에게 전달할 때 불필요한 부분을
버리고 전하는 일상적인 습관과도 관련되어 있습니다. 그러니 책 읽
기가 아니더라도 평소에 아이가 말하는 것을 잘 살펴 연습해 보게
하면 좋습니다. 잘 버리면서 읽는 아이가 많이 기억하면서 읽는 아이
보다 문해력이 뛰어난 아이가 된다는 사실을 기억해 주세요.

◆내 생각 정리하며 읽기

책을 읽으면서 내용을 이해하고 그에 관련된 자기 생각을 정리하기 위해서는 스스로 질문을 던지는 작업이 필요합니다. 여기에는 어떤 문장이나 문단이 중요한지, 중요하지 않은지를 판단하고, 중요하다면 그 정도에 따라 순위를 매기는 것도 포함됩니다. 그리고 그것이 왜 중요하다고 생각했는지 본인이 생각한 이유를 붙일 수 있어야 합니다. 이렇게 해서 글의 내용과 관련된 중심 생각을 찾는 능력은 아이의 학년이 올라가면서 점진적으로 발달하게 됩니다. 중심 생각을 찾으려면 이야기가 전개되는 순서나 이야기의 구조에 집중하며 읽어야 하는 경우도 있고, 단계별 사건 등을 취사선택하며 읽어야 하는 경우도 있습니다. 또한, 내가 가진 유사한 경험을 떠올리거나 '만약에 나였다면…' 하는 가정이 필요하기도 하고, 그때의 느낌 등을 되살려 보게 되기도 합니다.

다음에서 아이가 스스로 만든 질문과 대답을 통해 방법을 찾아볼까요? 「왕치와 소새와 개미」는 우리에게는 「태평천하」, 「탁류」로 기억되는 소설가 채만식이 쓴 동화입니다. 1941년에 발표된 동화이지만 어떤 우화와 비견해도 손색없는 재미있는 작품이지요. 이 작품을 읽으면서 채리는 다음과 같이 세 가지 질문을 던지고 그에 대한 답을 정리해 두었습니다.

1. 왕치는 왜 머리가 훌러덩 벗어졌을까?

왕치는 개미와 소새와 같이 살았지만 놀기만 하고 게으르게 살았다. 왕치가 잔치를 벌이는 날 잉어를 잡으려다 잉어한테 통째로 잡아먹혔다. 다행히 소새가 그 잉어를 잡아 와서 먹는 중에 왕치가 튀어나왔다. 그래도 왕치는 속을 못 차리고 생색을 내다가 머리가 훌러덩 벗어졌다.

2. 소새는 왜 주둥이가 쑥 나왔을까?

사실 왕치를 소새가 구했는데 왕치가 고맙다고도 안 하고 오히려 자기가 잉어를 잡았다고 생색을 냈다. 그래서 소새는 화가 나고 기가 막혀 주둥이가 쑥 나왔다.

3. 개미는 왜 허리가 잘록 동강이 났을까?

소새는 주둥이가 쑥 나오고 왕치는 머리가 훌러덩 벗어져 그 모습을 본 개미가 너무나 웃겨서 데굴데굴 구르면서 웃다가 그만 허리가 동강 났다.

흔히 우화를 읽고 나서는 관련된 교훈을 찾아내도록 하는 것이 일반적입니다. 그런데 이 동화는 왕치, 소새, 개미의 생김새에 얽힌 내력이 글의 중심을 잡고 있지요. 이기적인 왕치와 속 좁은 소새로 인하여 우리 주변의 누군가를 떠올리게 되기도 할 겁니다. 어차피 이런 동화는 한 번 읽는 것으로 끝나기보다는 손에 닿을 때마다 펼쳐 보게 되는 것이 더 자연스러운 책이므로, 처음에 읽고 나서는 이렇게 문제를 발견하고 인과관계를 스스로 찾아 묻고 대답할 수 있을 정도의 결과물만 되어도 괜찮다는 생각이 듭니다.

읽기 전, 읽는 중, 읽은 후 활동
_과정 중심으로 읽자!

11

책 속에 제시된 정보나 내용을 이해하고 회상하기도 하고, 문장이나 문단 단위의 의미 관계를 추론하거나 회상한 것들을 독서의 목적에 따라 조직하고 종합하는 총체적인 읽기의 과정을 우리는 '독해'라고 부릅니다. 독해는 책을 읽는 동안 이런 다양한 과정들 속에서 동시에 일어나는 특성을 가집니다. 따라서 아이가 책을 읽을 때 머릿속에서 일어나는 일련의 과정에 근거하여 책 읽기를 유도할 수 있다면 아이에게 바른 책 읽기, 바른 독해의 방법을 알려 줄 수 있을 겁니다.

지금까지 독서 교육 전문가들은 이런 과정에 대해서 '읽기 전', '읽는 중', '읽은 후'라는 단계로 나누어 문제 해결 방식을 제안해 왔습니다. 이는 아이에게 각 단계별로 실제적이고 의미 있는 일종의 과제를 내 주고 이에 대한 아이의 반응을 확인할 수 있다면, 아이가 앞으로 살아가는 데 필요한 문해력을 키워 가는 데도 지속적인 도움이 될 수 있다는 믿음에서 온 것이지요. 하지만 이렇게 '읽기 전', '읽는 중', '읽은 후'와 같이 의도적으로 나누어 놓은 책 읽기의 과정은 사실 그 경계가 명확한 것도 아니고, 반드시 정해 놓은 순서대로 일어나는 것도 아닙니다. 그래서 각 단계별로 제안하는 책 읽기 관련 활동들은 '책 읽기'라는 추상적인 개념으로 하나의 커다란 집을 짓고, 그 안에서 타당하다고 여겨지는 활동 내용들을 전문가들의 안목으로 선별하여 구석구석 내부 장식을 해 놓은 모습으로 생각해도 좋겠습니다. 일반적인 내용들을 간단히 소개해 보면 다음과 같습니다.

◆ 읽기 전 활동

'읽기 전 활동'이란 아이가 책을 본격적으로 읽기 전에 책을 잘 읽고 이해할 수 있도록 준비하는 활동을 말합니다. 이 단계에서는 선택된 책이 아이의 지적 욕구를 채워 줄 수 있는 아주 흥미롭고 가치 있는 제재라는 점을 알려 주는 것이 중요합니다. 책의 제목을 보면서 어떤 내용인지 예측해 보거나 책의 그림을 보면서 장면을 상상하며 아이와 대화를 나누는 활동을 대표적인 예로 들 수 있습니다. 또는 책 속에 나오는 어려운 어휘나 개념에 대해서 먼저 이야기해 주면 아이가 책을 조금 더 순조롭게 읽을 수 있도록 도울 수 있습니다. 이때 책의 주제나 형식과 관련된 스키마를 최대한 떠올릴 수 있다면 좋겠지요.

◆읽는 중 활동

'읽는 중 활동'에서는 본격적으로 책을 읽는 과정에서 글을 이해하고 분석하고 의미를 구성해 가는 활동이 이루어집니다. 스키마를 활용하여 글의 종류와 구조를 파악하기도 하고 사실과 의견을 구분하기도 합니다. 글의 진행에 따른 맥락을 이해하면서 글이 지닌 가치에 대해 스스로 판단하기도 합니다. 이때 정교화의 방법을 사용하여 글을 통합적으로 이해하는 데 각자가 가진 전략을 최대한으로 사용할 수 있게 됩니다. 이 과정에서 아이는 대부분 묵독으로 책을 읽는 경우가 많지만, 소리 내어 읽게 하거나 엄마가 소리 내어 읽어 주는 것, 혹은 아이와 교대로 읽는 것도 내용에 대한 이해를 높여 주는 방법이 될 수 있습니다. 또, 아이와 서로 질문을 주고받거나 읽은 부분까지의 내용과 생각을 간단히 글이나 그림 등으로 메모하는 방법도 유용합니다.

'읽는 중 활동'은 성공적인 독서를 위해 가장 적극적인 노력이 필요한 단계이기도 합니다. 이 단계에서 글의 주제에 대해 흥미를 잃거나 내용을 잘못 이해하고 넘어가거나 혹은 대충 읽고 지나간다면 이어지는 쓰기를 비롯한 여러 과제를 수행하는 데 곤란을 겪을 뿐만 아니라 이후에 다른 책을 읽는 과정에서도 비슷한 오류를 반복할 수 있기 때문입니다.

◆읽은 후 활동

　'읽은 후 활동'은 아이가 정해진 책 읽기를 마친 후에 책에 대한 이해도나 반응 등을 확인하기 위한 단계입니다. 물론 아이가 보인 결과물에 따라서 더 격려하는 활동을 할 수도 있고 잘못된 부분을 교정해 주는 활동을 할 수도 있습니다. 이 단계의 활동을 통해서 책에 대한 아이의 이해력, 관련 주제에 대한 관심도, 아이가 중요시하는 가치와 성향 등 아이가 책에 대해 가지고 있는 종합적 면모를 확인할 수 있습니다. 그래서 학교 교육에서 다루고 있는 대부분의 '읽은 후 활동'은 이런 내용을 성적에 반영하도록 여러 평가 장치를 만들게 되는 것이지요. 읽은 책에 대해 잘 이해하고 있는지 질문을 하거나 줄거리를 써 보게 합니다. 또 책을 통해서 알게 된 것, 혹은 느끼게 된 것을 그림이나 만들기, 다른 다양한 방법으로 표현해 보게 합니다. 나의 경험과 관련지어 생각난 것을 이야기해 보게 하거나 비슷한 이야기를 만들어 보게도 합니다. 아울러 책을 통해 알게 된 내용과 관련하여 다른 책 읽기에 대한 계획을 세울 수도 있습니다. 이러한 '읽은 후 활동'은 아이가 읽기 전이나 읽는 중에 생각했던 내용과 비교하여 그 변화를 알아차릴 수 있어야 하며, 작가가 말하고자 한 내용에 대한 자기 생각이나 주장을 남길 수 있어야 유익한 활동으로 마무리될 수 있습니다.

　다음은 우리나라의 전설을 소재로 한 『쇠를 먹는 불가사리』(정하섭 저, 길벗어린이)를 '읽기 전 활동', '읽는 중 활동', '읽은 후 활동'으로 만들어 본 것입니다.

읽기 전 활동	1) 『쇠를 먹는 불가사리』 제목과 표지를 보고 이야기해 보기 　·불가사리는 무엇으로 만들어졌을까? 　·불가사리는 왜 쇠를 먹게 되었을까? 　·불가사리는 어떤 일을 할까? 　·내가 본 것 중에 불가사리와 비슷한 것은 무엇일까? 2) 『쇠를 먹는 불가사리』 속의 낯선 낱말 익히기 오랑캐 / 점쟁이 / 줄행랑 / 쇳물 / 질질질질 / 졸졸졸졸 / 찰찰찰찰
읽는 중 활동	1) 『쇠를 먹는 불가사리』를 아이와 번갈아 소리 내어 읽기 2) 읽는 중에 인상 깊은 장면에 표시하거나 글 또는 그림으로 남기기 3) 이야기가 진행되는 동안 내용에 관련된 질문과 대답하기[13] 　·혼자 살던 아주머니는 왜 쇠를 싫어했나? 　·아주머니가 만든 작은 인형은 무엇으로 만들어졌나? 　·그 작은 인형의 이름은? 　·불가사리가 처음으로 먹은 쇠는 무엇이었나? 　·아주머니와 불가사리는 왜 헤어졌나? 　·불가사리가 전쟁에서 이겼을 때 왕은 왜 불안했을까? 　·불가사리를 잡는 방법을 알려 준 사람은 누구인가? 　·불가사리를 잡는 방법은 무엇인가? 　·불가사리는 왜 자기 몸이 녹는 것도 모르고 불 속으로 뛰어들었을까?

---

13 이 질문들은 지금처럼 '읽는 중 활동'에서 확인하며 넘어가는 것도 가능하고, 또는 한 번에 묶어서 '읽은 후 활동'에서 내용을 정확히 파악하고 있는지 확인하는 문제로도 활용 가능합니다.

1) 일이 일어난 순서 기억하기(문장 카드 활용)
   - 아주머니는 전쟁 때 남편과 아이들을 잃었지.
   - 아주머니는 밥풀을 뭉쳐서 작은 인형을 만들고 이름을 불가사리라고 지었어.
   - 모든 쇠를 먹어라 다 먹어 치워라.
   - 불가사리는 바늘을 냉큼 받아먹었지.
   - 방안을 기어 다니며 쇠를 먹기 시작했지.
   - 쇠붙이란 쇠붙이는 모두 먹어 치웠어.
   - 불가사리는 집채만 해졌어.
   - 불가사리가 전쟁터로 나갔어.
   - 오랑캐들은 겁에 질려 줄행랑을 쳤어.
   - 점쟁이는 불가사리 잡는 방법을 알려 주었어.
   - 아주머니는 눈물을 흘리며 노래를 불렀지.
   - 멀리멀리 가거라 죽지 말고 가거라.
   - 불가사리는 아주머니를 구해 불길 밖으로 나갔어.

2) 책에서 글씨를 무시하고 그림만 넘겨 보면서 이야기해 보기

3) 『쇠를 먹는 불가사리』를 읽고 든 생각이나 느낌 말해 보기 또는 그림으로 표현하기

4) 불가사리는 지금도 살아 있을지, 또는 그 후로 어떻게 되었을지 뒷이야기 상상해 보기

5) 불가사리 같은 상상의 동물 만들어 보기

6) 불가사리가 현재에 있다면 어떤 일이 생길지 생각해 보기

이렇게 책 읽기의 과정을 중심으로 하는 '읽기 전 활동', '읽는 중 활동', '읽은 후 활동'은 그 내용이 특별히 정해져 있지 않습니다. 책의 분량이나 주제, 난이도 등에 따라 자유롭게 아이의 상황에 맞춰 조절해 가며 활용하면 됩니다.

그러면 이렇게 책 읽기의 과정에 따른 독서 활동들을 그대로 따라 하기만 하면 아이들은 바람직한 독서를 할 수 있게 되는 걸까요? 이렇게 정해진 절차에 따라 연습을 반복할 수 있다면 아이들의 책에 대한 기본적인 문해력을 키워가는 데는 분명 도움을 받을 수 있을 것입니다. 하지만 같은 책이라도 읽는 사람이 누구인가에 따라 그 감상이나 생각의 초점이 다릅니다. 또, 같은 사람이 같은 책을 읽더라도 아홉 살에 읽었을 때와 열아홉 살에 읽었을 때는 전혀 다른 책이 될 수 있습니다. 책을 언제 읽어도 편견 없이 읽을 수 있다면 그 책은 읽는 이에게 늘 새로운 생각과 즐거움을 가져다 줄 수 있을 것입니다. 그렇게 되면 책 읽는 아이들의 가슴 속에 숨겨져 있는 창의성도 자연스럽게 드러날 수 있게 됩니다. 그래서 이쯤에서 창의적인 읽기에 대해 이런 몇 가지 생각을 남겨 봅니다.

　　부모님들은 대부분 아이가 창의적으로 자라기를 바라지만, 그 창의성은 사실 분야마다 요구되는 성격이 달라서 책을 읽으면서 키울 수 있는 창의성이라는 것도 그리 간단하지는 않습니다. 학자들이 논의하고 있는 창의성의 명칭만 하더라도 과학적 창의성, 예술적 창의성, 언어적 창의성, 국어적 창의성 등 그 종류가 다양하니까요. 그런데 우리는 지금 아이들의 국어 공부 중에서도 '읽기'에 대한 이야기를 하고 있으니 그중 '국어적 창의성'에 조금 더 가까운 이야기가 되지 않을까 싶습니다.

　　창의성을 키우는 책 읽기를 하기 위해서는 먼저 아이가 자기 의사에 따라 자발적으로 책을 읽을 수 있는 환경이 필요합니다. 즉, 읽기에 필요한 최소한의 자유가 보장되어야 한다는 말이지요. 프랑스 작가 다니엘 페나크는 자신의 책 『소설처럼』(문학과지성사)에서 '책을 읽다'라는 동사는 '꿈꾸다'나 '사랑하다'와 마찬가지로 '명령어로 바꿀 수 없는 단어'라고 이야기합니다. 반드시 읽고 과제를 수행해야 하는 책이라 하더라도 충분한 시간 여유를 가지고 책을 만져 보고 탐색하고 궁금해할 수 있는 과정이 필요합니다. 스스로 책에 대한 궁금증을 가지고 책을 만져 보면서 친해질 시간을 만들어 주어야 합니다. 꿈꾸고 사랑할 시간을 내 주어야 합니다.

또, 창의적인 책 읽기가 되려면 아이가 책을 읽으면서 스스로 질문을 던지고 대답하는 과정이 필요합니다. 이때 질문은 아이의 머릿속에서 만들어진 것이고, 대답도 아이가 지닌 지식과 논리에 의해 만들어 낸 것입니다. 스스로 문제를 던지고 답을 찾아가는 과정이야말로 창의성의 가장 기본이 되니까요. 어떤 사람들이 책 읽기가 고통스럽다고 말하는 이유도 이렇게 책은 처음부터 끝까지 스스로 질문과 대답을 반복하며 통제해야 하는 물건이기 때문일지도 모릅니다.

창의적인 책 읽기를 통하여 아이는 자기 경험과 연관 짓거나 읽은 것을 토대로 삶에서 문제를 해결할 수 있게 됩니다. 거창한 문제 해결이 아니라도 책 속의 정보와 자신의 주변에서 일어났던 일을 짝지어 볼 수도 있고, 이를 토대로 자기만의 생각과 판단을 다져가게 됩니다.

아이의 책 읽기는 창의적인 읽기 활동이 되어야 하며, 창의적인 읽기는 아이를 키웁니다. 그리고 이러한 과정을 통해 아이는 평생 독자로, 평생 독서인으로 자랍니다.

12 느낌이 살아 있는 읽기
_오감을 자극하며 읽자!

    심리학자이자 베스트셀러 작가인 어니 젤린스키는 "창의성은 낯선 것에 대한 즐거움"이라고 말합니다. 아이들이 책 속에서 뭔가 낯선 대상과 상황에 마주치게 되는 순간, 아이들 안에 숨겨져 있던 창의성이 꿈틀거리기 시작한다는 말이지요. 그 낯선 것들은 시각과 청각, 후각, 미각, 촉각이나 공감각에 이르기까지 다양한 범위에서 출몰합니다.

    스티브 잡스는 "창의력이란 여러 가지를 연결하는 능력이다."라고 말합니다. 바로 이 낯설고 다양한 것들을 연결하는 능력만이 세상을 바꿀 수 있다고 생각한 것이지요. 그리고 그 재료들은 책 속에 들어 있는 것이고요. 그래서 김무곤 작가는 "영상 미디어 시대에 우리가 해야 할 일은 텔레비전을 끄고 책을 읽는 일, 책 읽기를 통해 타자를 만나는 일"[14]이라고 말했나 봅니다.

아이와 함께 책을 읽으면서, 책을 읽는 동안 마음속에 떠오르는 소리나 냄새, 감촉에 대해, 즉 심상에 대해 솔직하게 이야기를 나누어 보세요. 책을 읽기 전에 어떤 장면에 대해 생생하게 상상할 수 있도록 만들어 주는 것도 좋습니다. 이런 활동들은 책을 읽은 후에 쓰기 활동을 하거나 다른 활동으로 연계할 때도 유용한 기초 작업이 될 수 있습니다. 이렇게 오감을 활용하여 심상을 형성하는 활동은 아이들 각자가 독특하고 풍부한 상상력을 펼칠 수 있도록 독려합니다. 아이와 소통하는 과정에서 부모님의 책 읽기에 대한 관심과 습관, 방법 그리고 아이에 대한 사랑이 우리 아이에게 자연스럽게 전이될 것입니다.

아래에 나오는 『손 큰 할머니의 만두 만들기』(채인선 저, 재미마주)를 읽으면서 제시된 질문을 참고하여 아이와 문답하며 심상을 형성하는 활동을 진행해 보세요.

무엇이든 엄청 많이, 엄청나게 크게 하는 손이 큰 할머니가 있었습니다. 해마다 설날이 다가오면 할머니는 만두를 빚습니다. 할머니는 모든 재료들을 커다란 함지박에 쏟아붓고 그 속에서 삽을 들고 둥근 언덕처

---

[14] 『종이책 읽기를 권함』(김무곤 저, 더숲)

럼 보이는 만두소를 만듭니다. 만두피 반죽은 방 문턱을 넘어 울타리 밖까지 밀려 나갑니다. 이렇게 되자 겨울잠을 자던 동물들도 모두 모여 만두 빚기를 거들었습니다. 하지만 하루, 이틀, 사흘이 지나고 닷새, 엿새, 이레가 지났지만 만두소가 줄어들지 않자 동물들은 모두 지쳐 그 자리에 누워 버렸습니다.

손 큰 할머니는 고민 끝에 남아 있던 만두소를 모두 모아 세상에서 가장 큰 만두 하나를 만들기로 하였습니다. 싸리비만 한 돗바늘로 만두 입을 꿰매고 엄청나게 큰 가마솥에 넣고 삶아 배고픈 동물들이 한꺼번에 모여 앉아 맛있게 먹었습니다.

–『손 큰 할머니의 만두 만들기』의 줄거리

『손 큰 할머니의 만두 만들기』를 읽으며 오감을 통한 심상을 형성하는 질문

- '만두' 하면 떠오르는 생각을 말해 보세요.
- 만두를 좋아한다면 어떤 만두를 좋아하나요?
- 만두에서는 어떤 냄새가 나나요?
- 만두소에는 어떤 재료들이 들어가나요?
- 만두를 빚어 본 적이 있나요? 어떤 모양으로 빚었나요?
- 만두피를 만지면 어떤 느낌이 들었나요?
- 만두피와 만두소는 어떤 색깔이었나요?

- 만두를 삶으면 어떤 냄새가 나나요?
- 만두를 삶을 때나 먹을 때 어떤 소리가 들리나요?
- 만두는 어떻게 요리해서 먹는 것이 가장 좋은가요?
- 숲속 동물들은 각자 어떤 모양의 만두를 빚었을까요?
- 손 큰 할머니의 만두는 어떤 맛일까요?
- 손 큰 할머니의 만두에서는 어떤 냄새가 날까요?
- 숲속 동물들 중에서 누가 할머니의 만두를 가장 좋아할까요?
- 손 큰 할머니의 만두를 먹을 수 있다면 같이 먹고 싶은 사람은 누구인가요? 이유는 무엇인가요?

'만두'라는 음식 자체가 냄새와 맛을 일깨우기 좋은 재료가 됩니다. 만두의 모양, 냄새, 맛, 색깔 이런 것들이 바로 아이의 머릿속에서 만들어지면서 동시에 독해에 영향을 줍니다. 그래서 『손 큰 할머니의 만두 만들기』를 비롯해서 다양한 음식에 관련된 책을 읽으면 심상 형성에 도움을 받을 수 있습니다.

책을 읽기 전에 아이에게 심상을 형성하도록 미리 안내를 해 주거나 대화를 나눌 수 있다면 글을 읽으면서 스스로 의문점을 찾아내기도 쉽고, 심상을 형성하며 읽으면 아이가 읽은 책에 관련된 기억을 늘리는 데 도움이 됩니다. 심상을 형성하는 활동 자체가 아이 각자가 가진 풍부한 상상력이나 경험을 끌어내 주는 역할을 하게 되거든요.

심상을 형성하기 위해서는 여러 가지가 활용될 수 있습니다. 색깔이나 모양을 자세히 묘사해 보게 하거나, 책을 읽는 동안 떠오르는 소리나 감촉, 맛, 냄새 등을 떠올려 표현해 보게 하거나, 자신이 상상한 대로 그림을 그려 보게 할 수 있습니다. 때로는 글의 내용이 진행되면서 어떤 장면을 재연해 보기도 하고 주인공이 한 말을 자신의 감정을 담아 소리 내 읽어 보게 할 수도 있습니다. 모두 다 어렵다면 엄마가 책과 관련된 유사한 그림이나 사진 등을 보여 주면서 심상을 형성하도록 도울 수 있습니다.

13 똑똑한 읽기
_메타인지로 읽자!

아이는 자라면서 무수히 많은 책을 만납니다. 그리고 아이는 책을 읽고 그 내용을 이해할 때와 이해하지 못할 때를 스스로 깨닫기도 하고 잘 이해하는 방법을 알게 되기도 합니다. 오래 기억하는 법을 알아내기도 하고 꼭 필요한 정보를 얻어내기 위해 무엇을 해야 하는지 고민하기도 합니다. 이렇게 책을 읽는 과정에서 독자가 스스로 필요한 전략을 선택하고 평가하고 조절할 수 있는 것을 책 읽기의 '메타인지(metacognition)'라고 합니다. 메타인지는 미국의 발달심리학자인 존 플라벨이 1970년대 처음 사용한 용어로, 쉽게 말해 '자신이 무엇을 알고 무엇을 모르는지 아는 것'을 뜻합니다.

초등 저학년 아이들은 고학년 아이들보다 책을 읽을 때 기본적으로 이해하는 능력을 포함하여, 스스로가 가진 능력에 대해 깨닫거나 자신들에게 주어진 과제를 인식하거나 주의를 집중하는 데 어려움을 겪습니다. 바로 이런 능력들이 메타인지인데, 이런 능력들은 저학년부터 훈련되지 않으면 어른이 되어서도 읽기에 어려움을 겪게 됩니다. 그럼, 다음에서 『종이 봉지 공주』(로버트 문치 저, 비룡소)의 줄거리를 보면서 어느 부분에서 어떤 메타인지가 일어나는지 그 내용을 알아볼까요?

책	메타인지
제목: 종이 봉지 공주  ⓒ 비룡소	이 동화는 공주 이야기인가 봐. 공주가 나오는 동화는 많이 읽었는데…(경험 떠올리기) 또 예쁜 공주가 멋진 왕자와 결혼하는 너무 뻔한 결말이 아닐까?(비교하기) 그런데 왜 종이 봉지 공주일까? 원래 공주 앞에는 예쁜 이름이 붙는 경우가 많은데, 종이 봉지는 그런 느낌은 들지 않아. 표지에 이상한 종이 봉지를 옷처럼 입은 여자아이가 있어. 이 아이가 공주인 걸까?(고민하기) 책을 읽으면서 그 비밀을 알아내야겠어.(과제 인식하기)

엘리자베스는 아름다운 공주였습니다. 또 로널드 왕자와 결혼하기로 되어 있었죠.	그래, 내 짐작이 맞았어. 또 아름다운 공주와 결혼할 왕자가 나오잖아.(예측한 것 확인하기) 하지만 조금 더 지켜보자. 아직 궁금한 점을 알아내지 못했으니까.(주의 집중하기)
어느 날, 무서운 용 한 마리가 나타나 공주의 성을 부수고 불길을 내뿜어 공주의 옷을 몽땅 태워 버렸어요.	그래, 공주는 늘 그랬었지. 용 대신 무서운 괴물이나 마법사가 등장하는 동화도 있었어. 로널드 왕자가 공주를 구할 차례가 되겠지. 여기까지는 지금까지 내가 알고 있는 동화들과 크게 다르지 않은 것 같아.(스키마를 활용하기) 그런데 왜 하필 공주의 옷이 다 탔을까?(질문하기)
그리고 로널드 왕자를 잡아갔습니다.	앗, 용이 공주가 아니라 왕자를 잡아갔다고? 왜? 그럼 이번엔 공주가 왕자를 구하는 이야기인가?(예측 수정하기)
공주는 왕자를 구해 오기로 했지만 옷이 몽땅 타서 입을 것이 없었어요. 그래서 버려진 종이 봉지를 주워 입고 용을 찾아갔어요.	보통 공주들은 어딘가에 잡혀가거나 어려운 상황에서도 늘 아름다운 드레스를 입고 있던데, 옷이 하나도 없다니 정말 뜻밖이야. 종이 봉지를 주워 입을 정도라니 정말 충격이야.(감정 이입하기) 그런데 봉지를 입고 가서 도대체 어떻게 왕자를 구하겠다는 거지?(의심하기)
용이 사는 동굴로 찾아간 공주는 용을 부추겨 불을 뿜어 숲을 태워 버리는 것을 보여달라고 조릅니다. 자기 능력을 뽐내고 싶었던 용은 백 군데도 넘는 숲을 모두 태워 버리고는 불씨 하나 만들 기운도 없이 지쳐 버립니다.	아, 공주는 꾀를 내서 용을 물리칠 생각인 것 같아. 용이 지쳐서 아무것도 하지 못하게 하려는 거야. 그 사이에 왕자를 구할 셈인가 봐.(추리하기)

이번에는 공주가 용에게 십 초 안에 세상을 한 바퀴 돌아오는 것을 보여 달라고 조릅니다. 용은 한 바퀴, 두 바퀴를 돌고 나서는 지쳐서 마침내 꼼짝없이 곯아떨어지고 말았습니다.	역시 용은 공주의 꾀에 넘어갔어. 그러고 보니 용은 우리 전래동화에 나오는 무섭고 어리석은 호랑이와 비슷한 느낌도 들어.(관련지어 생각하기)
공주는 용을 뛰어넘어 동굴 문을 열고 로널드 왕자를 찾아냈습니다.	이제 가장 감동적인 장면이 나올 차례야. 무시무시한 용을 물리치고 왕자를 구하러 갔으니, 왕자는 감동해서 공주에게 청혼하겠지?(예측하기)
그런데 왕자는 찢어진 종이 봉지를 입고 나타난 공주에게 진짜 공주처럼 차려입고 오라고 화를 냅니다.	이런! 옷이 문제였구나. 왕자는 겉모습을 중요하게 여기는 사람이었어. 공주는 기분이 어땠을까? 아마도 왕자를 구하러 온 것을 후회할 것 같아. 왕자는 종이 봉지를 걸치고 앞에 서 있는 공주를 조금도 배려하지 않고 있어. 공주는 다시 드레스를 입고 왕자를 찾아올까? 하지만 나라면 다시 왕자를 만나지 않겠어.(비판적으로 생각하기)

이렇게 짧은 동화 한 편을 읽는 과정에서도 아이의 머릿속에서는 본인의 읽기 과정에 대해 예측하거나 그것을 바꾸기도 하고, 이전에 읽은 책에 대한 스키마를 떠올리거나 자기 경험과 비교하기도 하고, 상황을 판단하거나 비판하기도, 또는 자신의 책 읽기에 대해 평가하고 새로운 계획을 세우기도 하는 등 엄청나게 많은 활동들이 일어납니다.

그런데 이러한 활동들을 수행할 수 있는 능력은 처음부터 생기지 않습니다. 아이들이 다양한 책을 부지런히 읽고 부모님과 대화를 많이 나누고, 스스로 끊임없이 생각하는 과정을 통해서 훈련될 수 있습니다. 무조건 책을 많이 읽는 것만으로 아이가 짧은 글 안에서 양적, 질적으로 훌륭한 메타인지를 활용할 수 있기를 바라면 안 됩니다. 아이와 함께 책을 읽으면서 메타인지 활동으로 일어나기를 바라는 다양한 생각들에 관해 이야기를 나누어 보세요. 아이와 엄마가 생각을 소리 내어 말하는 동안 아이는 메타인지의 기본기를 연습할 수 있게 될 것입니다.

책 한 권을 읽는 데도 셀 수 없이 많은 수고로운 과정과 노력이 필요합니다. 아이에게 책을 읽게 하는 이유는 결국 아이가 이렇게 충분한 메타인지를 키우며 자라기를 바라는 마음, 그리고 그것을 자산으로 성인이 되어서도 훌륭한 독서가가 되기를 바라는 마음 때문이라는 점을 기억해 주세요.

PART 2

무엇을 읽을까?

우리는 지금까지 '책을 어떻게 읽을 것인가'에 관련된 다양한 방법과 내용들을 살펴보았습니다. 하지만 아무리 좋은 방법을 알고 있다고 해도 결국 책을 읽지 않으면 아무런 소용이 없겠죠? 그래서 이번 장에서는 '무엇을 읽을까'라는 고민에 대해 풀어가 보겠습니다.

채리는 그림 형제의 『늑대와 일곱 마리 아기 양』이라는 동화를 유난히 좋아했습니다. 지혜로운 막내 아기 양과 용기 있는 어미 양의 활약이 돋보이는 작품이지요. 그런데 이 『늑대와 일곱 마리 아기 양』을 읽을 때마다 예외 없이, 채리는 오빠를 늑대로 삼아 연극을 벌이곤 했습니다. 늑대에게 잡아먹히는 가엾은 여섯 마리 양과 시계 속에 숨어 살아남은 아기 양의 역할까지 혼자 모두 성실하게 해냅니다. 그리고 순식간에 오빠를 양을 여섯 마리나 잡아먹은 배부른 늑대로 만들어 바닥에 눕혀 놓습니다. 이젠 엄마가 등장할 차례입니다. 용기 있고 든든한 어미 양의 역할이 남아 있으니까요. 이내 셔츠 속에 인형을 잔뜩 집어넣고 코를 고는 시늉을 하는 불쌍한 늑대 오빠의 뱃속에서 양들을 꺼내게 됩니다. 그리고 다들 아시다시피 오빠는, 아니 늑대는 비참한 최후를 맞게 됩니다.

이렇게 아이가 읽고 싶은 책, 좋아하는 책을 읽는 것은 중요합니다. 그리고 책을 통해 어설픈 연극이지만 책과는 다른 무언가를 생각해 낼 수 있다는 것, 자기 외의 사람과 함께할 수 있는 상황을 만들어 낸다는 것, 나쁜 짓을 하면 반드시 벌을 받아야 한다고 굳게 믿는 자기의 신념을 표현한다는 것도 대단히 중요한 책 읽기의 역할 중 일부이기도 합니다. 그림책은 그림책이라서, 고전은 고전이라서, 창작동화는 창작동화라서, 위인전은 위인전이라서, 만화책은 만화책이라서 다른 것은 아닙니다. 다르지만 각각 이런 역할들을 만들어 내고 수행해 가는 데는 차이가 없습니다. 그래서 어떤 것을 읽는 것은 좋고 어떤 다른 것을 읽는 것은 나쁘다고 이야기할 수 없습니다. 책은 되도록 많이, 그리고 분야는 고르게 읽어야 합니다. 그리고 무엇을 읽을까 하는 고민 가운데 어떤 책이 좋은 책일까 고민하느라 시간을 쓰지 말고, 일단 책장을 펼치고 책 읽기를 시작하는 것이 좋겠습니다. 자, 그럼 이제부터 '무엇을 읽을까'라는 주제로 이야기를 풀어가 볼까요?

01 같은 책을 다르게 읽기

영화를 보거나 책을 읽다가 중간쯤에 이르러서야 이미 봤던 작품인 걸 알아차릴 때가 있습니다. 그러면 고민을 하게 됩니다. 마저 다 봐야 할까, 아니면 그만 봐야 할까 하고 말이지요. 여러분은 이럴 때 보통 어떤 선택을 하시나요? 남은 이야기가 생생하게 떠오르면 그만 보기도 하고, 결말이 생각나지 않아 그냥 끝까지 다시 보기도 할 것입니다. 또는 마지막 장면까지 다 기억나지만 오래전 추억을 떠올리며 끝까지 다시 보기도 합니다. 그런데 재미있는 것은 같은 책을 다시 읽는 경우라도 이번의 책 읽기는 이전과는 다르게 읽힌다는 것입니다.

잘 의식하지 못하지만, 사실 우리는 책을 읽을 때 책을 읽고 있는 시간, 장소, 그리고 그때의 기분에 따라 그 책에 대해 다른 느낌을 더하여 기억합니다. 심지어는 그 책을 권해 준 사람이 누구인지, 도서관에서 빌린 책인지 아니면 서점에서 직접 구매한 책인지에 따라서도 책을 만나는 기분이 달라집니다. 가령 엄마께 꾸중을 듣고 언짢은 상태에서 펼쳐 든 책이 『걸리버 여행기』였는데 흥미로운 세계 속으로 빠져들어 언짢은 마음을 잠시 잊었을 수도 있습니다. 그렇다면 『걸리버 여행기』는 아이에게 우울한 기분을 달래 주는 책으로 기억될지도 모릅니다. 또 친구와 온종일 신나게 놀고 잠자리에 들기 전에 읽은 책이 『올리버 트위스트』라면 어둡고 불행한 올리버의 삶에 가여운 마음이 들지만, 한편으론 그 내용에 상관없이 『올리버 트위스트』는 아이에게 뭔가 신나는 기분을 담고 있는 책으로 기억될 수 있습니다. 그리고 세월이 흘러 5년 후쯤 아이가 이 책들을 다시 읽는다고 생각해 보지요. 『걸리버 여행기』의 스토리는 변하지 않았지만, 아이는 훌쩍 커 있을 테고 책은 예전의 기억만큼 흥미롭거나 신나지 않을지도 모릅니다. 하지만 아이는 이번에는 최근에 다녀온 미니어처 박물관을 떠올리거나 거인이 나오는 다른 책과 비교하며 읽을지도 모릅니다. 또 『올리버 트위스트』에 대한 연민의 마음은 그대로 있겠지만, 이번에는 책 속에 등장하는 나쁜 어른들이나 사회에 대해 더 반항심이 들거나 사회 제도의 문제점에 대해 고민하게 될지도 모릅니다.

결국, 같은 책이라 하더라도 읽는 시기나 상황이 다르면 그 책은 다른 책이 됩니다. 같은 책을 읽었는데도 읽을 때마다 드는 생각이나 느낌이 다르다면 그것은 또 다른 책 읽기가 된다는 말입니다. 물론 읽었던 책에 대한 좋은 기억을 떠올리며 똑같은 느낌을 되살리며 읽는 경우도 있습니다. 아이가 같은 그림책을 반복해서 읽어 달라고 하거나 이미 다 본 만화책을 또 붙잡고 깔깔거리는 것만 보더라도 그렇지요.

또 이런 경우도 있습니다. 책 한 권을 정해 놓고 일부러 두 번 이상을 읽는 것입니다. 첫 번째 읽을 때는 이런 입장에서, 두 번째 읽을 때는 저런 입장에서 읽어 본다면 책 한 권을 가지고 '역지사지(易地思之)'를 배우는 방법이 될 수 있을 것입니다.

여우 아저씨는 책 먹는 것을 너무 좋아해서 엄청나게 많은 책을 가리지 않고 먹어 치우곤 했어요. 하지만 살림살이까지 다 팔아 모두 책을 사 먹고 나니 빈털터리가 되었지요. 도서관과 서점에서 책을 훔치게까지 된 여우 아저씨는 마침내 경찰에 체포되었어요. 감옥에 들어간 여우 아저씨에게는 독서 금지라는 벌이 내려졌어요. 그런데 교도관 빛나리 씨의 도움을 받아 종이와 연필을 얻어 글을 쓰기 시작했어요. 빛나리 씨는 여우 아저씨의 재능을 알아보고 이내 출판사를 차려 여우 아저씨의 소설을 출판했어요. 소설은 베스트셀러가 되었고 감옥에서 나온 여우 아저씨와 빛나리 씨는 부자가 되었어요.

-『책 먹는 여우』(프란치스카 비어만 저, 주니어김영사)의 줄거리

『책 먹는 여우』는 초등학생들에게 널리 사랑받는 그림 동화입니다. 재미있는 삽화와 함께 아이에게 처음 와닿는 사건은 책을 뜯어 삼켜 버리는 여우가 있다는 사실입니다. 공포의 대상이기보다는 늘 책에 굶주려 가엾기까지 한 이상한 여우이지요. 초등학교 1, 2학년 아이들은 이 동화가 보여 주는 모습에 그야말로 열광합니다. '소금 한 줌 툭툭, 후추 조금 톡톡' 책을 맛있게 먹어 치우는 여우의 모습을 무척 재미있어합니다. 책을 구할 수 없게 된 여우가 길거리에서 주는 광고지나 헌 종이 수거함에 들어 있는 종이들로 허기를 버티며 털 빠진 앙상한 모습으로 변기에 앉아 있는 모습에는 깔깔거리면서도 한편 안쓰러워하기도 하지요. 이 시기의 아이들은 책을 읽으면서 대체로 다음과 같은 생각들을 하게 됩니다.

- 여우는 책을 정말 좋아한다. 그래서 그냥 읽기만 하는 것이 아니라 먹기까지 하니 신기하다.
- 책을 제대로 먹지 못한 여우가 소화불량과 영양실조에 걸려 안타깝다.
- 여우는 책을 훔치는 나쁜 짓을 했다. 나쁜 짓을 하면 벌을 받아야 한다.
- 여우가 훔치지 않고 책을 배부르게 먹는 방법은 없을까?

- 빛나리 씨가 여우를 도와주어 여우는 작가가 되고 빛나리 씨는 출판사 사장이 되다니 다행이다.
- 여우가 돈을 많이 벌어 책을 실컷 먹을 수 있게 되어 다행이다.

그런데 3년 정도 지나 초등 고학년이 되어 아이가 이 책을 다시 읽는다고 가정해 볼까요? 『책 먹는 여우』에는 '은유(metaphor)'[15]가 들어 있습니다. 아니, 이 책뿐만 아니라 대부분의 동화에는 은유가 들어 있습니다. 아이가 처음부터 책 속 은유를 깨달으며 읽기를 바라는 것은 때 이른 욕심일 뿐 아니라, 아이가 정상적으로 문해력을 발달시켜 가는 과정에서 바람직하지도 않습니다. 아이는 자기 또래에 맞는 눈과 생각으로 책을 읽고 느끼고 커 가는 것이 가장 좋으니까요. 하지만 아이가 자라면 키도 자라고 마음도 자라고, 문해력도 함께 자랍니다. 그래서 은유의 비밀을 이해하기도 하고 깨닫기도 합니다. 바꾸어 말하면, 아이가 자라면 동화에 숨겨진 은유도 이해할 수 있어야 한다는 말이기도 하지요.

---

15 '은유(隱喩)'는 사전에서 찾아보면 '사물의 상태나 움직임을 암시적으로 나타내는 수사법'이라고 나옵니다. 그렇다면 동화에 들어 있는 은유란 사물이나 동물, 인물의 상태나 움직임, 생각 등을 있는 그대로 보지 않고 숨겨진 뜻이 있다고 보는 것을 말합니다.

- 여우는 대단한 독서가임이 틀림없어.

- 여우가 광고지나 폐지를 먹고 병에 걸렸다는 것은 유익하지 않은 책을 읽으면 우리에게 해롭다는 것을 다르게 표현했을 거야.

- 여우가 감옥에서 멋진 글을 쓸 수 있었던 것은 그 전에 이미 책을 많이 읽었기 때문에 가능했을 거야.

- 여우는 부자가 되어 얼마든지 책을 살 수 있었지만 자기가 쓴 책이 특별히 맛있다고 했어. 이건 자기가 쓴 글에 대한 자부심을 말하는 것 같아. 책을 충분히 읽고 글을 쓰면 좋은 글을 쓸 수 있을 거야.

- 여우의 소설에 들어 있는 소금 한 봉지와 후추 한 봉지는 무엇을 말하는 걸까? 무조건 책을 읽는 것이 아니라, 적당히 소금 간을 하거나 후추로 알싸하게 매운맛을 내듯이 자기의 생각을 가지고 읽는 것을 뜻하는 걸 거야.

위의 내용들은 동화 속 은유를 이해했을 때 가질 수 있는 생각들입니다. 물론 이 중에는 아이가 스스로 깨달을 수 있는 것도 있지만, 부모님이나 선생님이 생각의 과정을 도와주어야 하는 것들도 있습니다. 무조건 독서량만 늘리려 하지 말고, 이렇게 같은 책을 여러 번 읽는 과정에서 마치 새로운 책을 만나듯이 새로운 사실들을 깨달아 가는 것은 독서가 주는 특별한 즐거움 중의 하나입니다.

02 다른 책을 같이 읽기

아이들이 특정 시기에 읽는 책들을 살펴보면 분야가 엄청나게 다양하다는 점에 놀라게 됩니다. 그렇다고 해서 아이의 책 읽기를 지도하는 데 크게 걱정할 바는 아닙니다. 많은 책들은 각기 다른 책이므로 다르게 읽히는 것이 일반적이겠지만, 읽는 관점에 따라 같은 눈높이에서 같은 책으로 읽어 낼 수도 있으니까요. 각기 다른 동화 세 편의 줄거리를 간단히 살펴보면서 이야기해 보도록 하지요.

(A)

책 읽기를 좋아하는 생쥐는 족제비에게 잡혀서 수프로 만들어질 위기에 처합니다. 생쥐는 위기를 벗어나기 위해서, 수프에는 이야기가 들어가야 제맛이 난다면서 족제비에게 네 편의 이야기를 들려주지요. 이야기를 다 들은 족제비는 각 이야기에 등장한 벌집과 진흙, 커다란 돌멩이 두 개, 귀뚜라미 열 마리 그리고 가시덤불을 찾으러 밖으로 나갑니다. 그사이에 도망쳐 나온 생쥐는 집으로 돌아와 다시 편안하게 책을 읽습니다.

-『생쥐 수프』(아놀드 로벨 저, 비룡소)의 줄거리

(B)

겨울밤, 누더기를 걸친 거지가 음식을 구하기 위해 마을로 내려갑니다. 여기저기 문을 두드리며 구걸하지만 아무도 거들떠보지 않았지요. 예배당으로 들어간 거지는 예배당지기 앞에서 자신의 코트 단추를 모두 뜯어내면서 단추가 한 개만 더 있으면 맛있는 단추 수프를 끓일 수 있다고 말합니다. 호기심이 생긴 예배당지기는 마을 사람들을 찾아다니며 단추는 물론이고 그릇과 숟가락, 냄비까지 구해 놓았지요. 단추로 수프를 만든다는 소문을 듣고 예배당 안으로 사람들이 몰려오고 거지는 수프를 끓이기 시작합니다. 물이 끓어오르자 거지는 수프 맛이 더 좋아질 수 있는 재료들을 이야기하고, 마을 사람들은 맛있는 수프를 먹고 싶은 마음에 각자 집에서 각종 양념과 채소들까지 가져옵니다. 수프에 김이 오르고 사람들은 기적적인 맛이라고 감탄합니다. 그리고 예배당 안은 순식간에 빵과 닭고기, 포도주까지 차려진 잔치가 벌어졌지요. 모두들 거지를 따뜻한 곳에서 재워 주었고 거지가 마을을 떠나지 않기를 바라게 됩니다. 맛있는 수프를 더 이상 먹지 못하게 될까 봐 걱정되었던 것이지요. 그래서 거지는 자기의 뼈 단추들을 마을 사람들에게 주고 대신 청동 단추를 가지고 떠나게 됩니다. 세월이 흐르면서 뼈 단추는 하나씩 없어졌지만 마을 사람들은 수프를 끓일 때 정말 중요한 것이 무엇인지 깨닫게 되었지요.

-『단추 수프』(오브리 데이비스 저, 국민서관)의 줄거리

(C)

산속 동물들이 모두 두려워하는 호랑이를 잡기 위해 토끼가 나섭니다. 처음엔 호랑이를 찾아가 빨갛게 달구어진 돌덩이를 찰떡이라고 속여 골탕을 먹입니다. 다음엔 호랑이 입속으로 참새떼를 몰아 준다고 속여 몸뚱아리에 불이 붙게 만들지요. 그다음엔 강에서 물고기를 잡게 해 준다고 속여 호랑이의 꼬리를 강 속에 담그게 하고 추위에 밤새도록 얼어붙게 만들어 버립니다.

-『지혜로 호랑이를 잡은 토끼』(한국 구전설화)의 줄거리

세 편의 동화는 지은이도, 등장인물도, 내용도, 결말도 각각 다릅니다. 미국 작가 아놀드 로벨과 캐나다 작가 오브리 데이비스, 그리고 우리나라의 설화 작가가 하나의 연결고리를 갖기는 힘들 테니까요. 『생쥐 수프』에는 생쥐와 족제비가 나옵니다. 둘은 먹고 먹히는 관계이지만 이야기 안에서만은 독서량이 많은 생쥐가 지혜롭게 위기를 모면합니다. 『단추 수프』에는 거지와 마을 사람들이 나옵니다.

이들은 서로 관심을 주고받기 어려운 관계이지만 '수프'라는 소재를 통해 공통의 관심사를 갖게 되고, 그 덕분에 좋은 관계가 새로 만들어지지요. 『지혜로 호랑이를 잡은 토끼』에서도 원래는 호랑이가 토끼의 천적이지만, 이야기 속에서는 토끼가 꾀를 내어 대담한 호랑이 사냥을 펼칩니다. 호랑이는 맛있는 것을 먹기 위한 욕심 때문에 결국 목숨까지 내놓게 되지요.

『생쥐 수프』를 읽을 때는 생쥐의 그럴듯한 입담에 홀라당 빠져 버리게 됩니다. 정말 이야기 속 재료들을 구해 오지 않으면 수프를 끓일 수 없을 것처럼 마음이 급해져서 족제비의 마음을 알 것도 같습니다. 그래서 『생쥐 수프』에서는 맛있는 수프 냄새가 나지 않습니다. 그저 영리한 생쥐가 여유롭게 다시 책을 읽고 있는 마지막 장면이 놀라울 따름이지요. 『단추 수프』를 읽고 나면 무언가 훈훈한 느낌이 듭니다. 모락모락 김이 오르고 구수한 냄새가 풍기며 사람들이 모여 앉아 수프를 마시는 따뜻한 그림이 떠오릅니다. 그리고 마지막까지 마을에 가득하게 따뜻한 수프향이 남습니다. 『지혜로 호랑이를 잡은 토끼』는 매 순간 호랑이를 속이는 토끼를 보며 조마조마하다가 마침내 꼬리까지 얼어붙어 죽게 된 호랑이가 가엾어집니다.

이렇게 세 편의 동화는 다릅니다. 느낌도 냄새도 기분도 다르게 남습니다. 그런데도 이 서로 다른 동화들을 같이 읽을 수 있는 이유는 무엇일까요? 그 하나는 '문제 해결의 과정이 드러난다'는 점입니다. 생쥐는 족제비에게 잡아먹힐 문제 상황에서 자기가 잘하는 방식으로 문제를 해결해 위기를 벗어납니다. 거지는 굶주림이라는 다급한 문제를 해결하기 위해 '수프'라는 공통의 관심사를 찾아내고 문제를 해결합니다. 거기에 더하여 마을에 따뜻한 온기까지 남겨 주지요. 토끼는 생존에 위협이 되는 호랑이를 해결해야 할 문제로 인식하고 치밀하게 단계별로 준비합니다. 그리고 호랑이의 죽음으로 문제는 해결됩니다. 모두 음식 때문에 일어나는 일이지만, 정말 음식 냄새가 나는 결말은 『단추 수프』뿐이긴 합니다.

다른 하나는 세 가지 이야기 모두 '삶에서 필요한 지혜를 구하고 있다'는 점입니다. 족제비에게 잡힌 생쥐라면 어떤 지혜를 낼 수 있을까요? 내가 생쥐처럼 위험한 상황에 처한다면 어떤 꾀를 낼 수 있을까요? 배고픔에 지친 거지는 어떻게 단추 수프를 생각해 낼 수 있었을까요? 내가 거지의 입장이었다면 어떤 선택을 할 수 있었을까요? 호랑이 사냥을 위해서 토끼는 어떻게 아이디어를 내고 계획을 세웠을까요? 호랑이가 토끼의 꾀에 속아 넘어가리라는 것은 어떻게 짐작할 수 있었을까요?

동화는 거대한 은유의 세계 속에서 문제를 내고 풀어 갑니다. 곤란한 상황을 던져 주고 지혜를 구합니다. 그리고 그 거대한 세계 속에서 다양한 문제와 만나고 창의적인 지혜로 단련해 가는 것이 아이들이 충분히 체험할 미션이기도 합니다. 이렇게 유사한 듯하면서도 다른, 다르지만 무언가 비슷하기도 한 책들을 비슷한 시기에 읽고 이야기를 나누어 보는 것도 좋은 독서 경험이 될 것입니다.

03 상호텍스트성을 지닌 글 읽기

다음에서 우리 구전설화 한 편과 동화 한 편을 간추린 이야기를 읽고 어떤 생각이 드는지 편하게 떠올려 보세요.

고려 공민왕 때의 일입니다. 형제가 길을 가다가 우연히 황금 두 덩어리를 얻어 한 개씩 나누어 가졌습니다. 그런데 강을 건너기 위해 배를 타고 가던 중에 아우는 갑자기 금덩어리를 강물에 던져 버립니다. 그리고 형에게 말하기를, 금덩어리를 나누어 갖게 된 순간부터 형이 미워지니 금덩어리는 상서롭지 않은 물건이라 생각되어 던져 버렸다고 말하지요. 그 말을 들은 형은 아우의 말에 동감하며 자기의 금덩이도 강물에 던져 버립니다.

–『금을 던져 버린 형제 이야기』(한국 구전설화)의 줄거리

앉은뱅이와 장님은 서로 부족한 점을 도와주면서 사이좋게 살아갑니다. 장님이 앉은뱅이를 등에 업고 길을 가다가 앉은뱅이는 샘물에서 금덩이를 발견합니다. 하지만 두 사람은 서로의 의리를 지키기 위해 금덩이를 던져 버립니다. 그러자 금덩이가 두 개로 늘어나고 둘이 사이좋게 하나씩 나누어 갖게 됩니다.

–『눈이 되고 발이 되고』(권정생 저, 국민서관)의 줄거리

두 이야기는 많이 닮았습니다. 형제가 앉은뱅이와 장님으로 바뀐 것을 제외하면 황금을 얻는 장면이나 우애를 위해 그것을 버리는 장면은 거의 같습니다. 구전설화에서 아이디어를 얻은 뒤에 창작동화가 생겨난 듯합니다. 또, 앞서 살펴본 『생쥐 수프』를 다시 떠올려 보면, 생쥐가 살아남기 위해 네 가지 이야기를 만들어 내며 시간을 끄는 장면은 마치 『아라비안나이트』에서 셰에라자드가 왕에게 죽임을 당하지 않기 위해 이야기를 지어내는 장면을 떠오르게 합니다.

이렇게 하나의 작품과 다른 작품 사이에 어떤 연관성을 갖는 것을 '상호텍스트성(intertextuality)'이라고 합니다. 아이들이 읽을 수 있는 모든 재료를 '텍스트'라고 보고, 그 텍스트들 사이에 서로 가지고 있는 관계를 가리키는 말이지요. 그런데 넓게 보자면, 세상의 모든 글이나 그림, 영상 같은 창작물들 중에서 특정한 사람이 만들어 낸, 세상에 하나밖에 없는 매우 독창적인 결과물이라고 평가할 수 있는

상호텍스트성(intertextuality)

이 말은 원래 라틴어 intertexto에서 왔는데, '뒤섞으면서 천을 짜다'라는 뜻을 가지고 있습니다. intertextuality는 비유적 의미로 사용되는 것이지요. 그래서 국어과 교육과 정에서 '상호텍스트성'은 '하나의 대상에 대해 내용과 형식 면에서 비슷하거나 혹은 다르게 쓰인 두 개 이상의 글이 서로에 대해 가지는 관련성'이라고 규정하고 있습니다.

것은 아주 드뭅니다. 사실 거의 모든 텍스트는 과거, 현재, 미래를 통해서 서로 이어져 있다고 볼 수 있는 것이지요. 다양한 텍스트가 서로 영향을 주고받으며 시간의 문을 함께 통과하고 있다는 말입니다. 독서 교육에서 상호텍스트성은 특히 주제를 중심으로 관련성이 있는 책을 함께 읽어 나가는 것을 의미합니다. 하지만 여기서는 굳이 주제에 한정하지 않고 보려고 합니다. 글에서 영향을 주고받을 수 있는 것은 주제뿐 아니라 형식, 소재, 제목이나 등장인물, 시간이나 공간, 가치관이나 철학 등도 모두 그 대상이 될 수 있으니까요.

이런 상호텍스트성은 단순히 글을 읽는 활동에 그치지 않고 이해하는 방법을 알아야 깨달을 수 있습니다. 따라서 아이가 다양한 텍스트(글)에 충분히 노출될 수 있는 환경을 만들고, 다양한 글을 이해하는 과정을 통해서 세상의 많은 텍스트가 만들어지고 소통하는 방식을 체험하게 해 주세요. 이를 통해 아이가 모든 텍스트를 비교할 수 있고 자기만의 관점을 가질 수 있게 하는 것이 책 읽기의 가장 궁극적인 목적이 될 테니까요.

그러면 아이들은 어떤 상황에서 상호텍스트성에 대한 부분을 감지하게 될까요? 다음은 아이들이 보는 동물도감 일부입니다.

다람쥐

다람쥐는 쥐 무리에 딸린 젖먹이 동물입니다. 암컷과 수컷 모두 모습과 색깔이 같아요. 털은 옅은 갈색인데 등 쪽에 진한 갈색 줄무늬가 다섯 줄 나 있지요. 발에는 날카로운 발톱이 있어서 나무를 아주 잘 타요. 양쪽 뺨에는 뺨주머니가 있어서 그 속에 먹이를 넣어 나릅니다. 다른 쥐 무리 동물처럼 이가 줄곧 자라기 때문에 쉬지 않고 나무를 쏠거나 딱딱한 열매를 갉아 먹어요. 이가 닳도록 하기 위해서지요. 먹이로는 도토리나 밤이나 잣 같은 나무 열매를 좋아하지만 땅콩이나 채소 싹도 잘라 먹곤 합니다.

다람쥐는 보금자리가 땅속에 있기 때문에 땅 위로도 많이 돌아다녀요. 땅 위를 돌아다니다가 먹이를 찾으면 뺨주머니에 집어넣고 바위나 나무 그루터기처럼 안전한 곳에 가서 먹지요. 적이 나타나면 재빠르게 나무 위로 올라갑니다.

-『세밀화로 그린 보리 어린이 동물도감』(권혁도 외 그림, 보리) 중에서

여기서 보이는 다람쥐의 모습이 바로 다른 독서나 경험을 통하여 아이들이 다람쥐에 대해 이미 가지고 있는 사전 지식에 가까울 것입니다. 이렇게 아이들의 머릿속에 이미 들어 있는 다람쥐에 대한 정보와 느낌, 이미지 같은 것들이 다른 텍스트를 만나면서 변화하게 됩니다.

다람다람 다람쥐

알밤 줍는 다람쥐

보름보름 달밤에

알밤 줍는 다람쥐

알밤인가 하고

솔방울도 줍고

알밤인가 하고

조약돌도 줍고

－「다람다람 다람쥐」(박목월)

B

산골짝에 다람쥐 아기 다람쥐

도토리 점심 가지고

소풍을 간다

다람쥐야 다람쥐야

재주나 한 번 넘으렴

팔딱 팔딱 팔딱

날도 참말 좋구나

－「다람쥐」(김영일 작사, 박재훈 작곡)

A의 동시 「다람다람 다람쥐」를 처음 읽은 아이가 이미 B의 「다람

쥐」라는 동요를 알고 있었다면, 아이는 동시를 읽으면서 동요를 떠올리게 될 것입니다. 마찬가지로 동시를 알고 있던 아이가 동요를 듣게 된다면, 이미 알던 동시를 떠올리게 될 것이고요. 하지만 두 작품은 엄연히 다릅니다. 「다람다람 다람쥐」에서 다람쥐는 달빛이 비치는 밤에 여기저기 기웃거리며 알밤을 찾아다닙니다. 그런데 밤이라 잘 보이지 않아서 그런 건지, 아기 다람쥐라 잘 구분하지 못해 그런 건지 솔방울도 조약돌도 모두 알밤으로만 보입니다. 귀엽고 어리숙한 다람쥐 모습이 떠오릅니다. 동요 「다람쥐」에서는 맑은 날, 조그만 아기 다람쥐가 야무지게도 도토리를 점심으로 챙겨 소풍을 갑니다. 가는 양이 하도 신나 보여서 재주 넘는 모습이라도 한 번쯤 보여 줄 것도 같습니다. 두 편의 동시는 다람쥐가 등장한다는 사실 외에는 그다지 공통점이 보이지 않습니다. 앞의 다람쥐는 알밤을 좋아하고 뒤의 다람쥐는 도토리를 좋아하는 모양입니다. 성격도 많이 달라 앞의 다람쥐는 알밤과 조약돌도 구분하지 못할 만큼 어리숙해 보이는 반면, 뒤의 다람쥐는 자기가 먹을 도토리를 점심으로 챙겨 소풍을 갈 만큼 야무지고 경쾌해 보입니다.

이때 상호텍스트성은 아이의 머릿속에서 각기 다른 두 편의 동시를 연관 지어 생각하는 방식으로 나타납니다. 이미 알고 있는 다람쥐와 새로 알게 된 다람쥐가 서로 만나면서 '다람쥐'에 있어서 인식의 폭이 넓어지게 됩니다. 그리고 아이의 마음속에 변화가 일어납니다. 알밤도 모으고 도토리도 모으는 새로운 다람쥐의 '상(像)'을 만들어

두게 됩니다. 그리고 이후에 다음과 같은 동화를 만나게 되면 여기에 더하여 또 무언가 변화를 만들어 가게 되는 것이죠.

어느 산골에 가난한 부부가 살았습니다. 산나물을 뜯으러 산에 갔다가 족제비에게 잡혀 가는 다람쥐 한 마리를 구해 주게 되지요. 부부는 다람쥐를 집에 데려와 정성껏 돌보며 자식처럼 키웁니다. 다람쥐는 새끼를 낳고 식구를 늘려 가며 잘 지냈지만 노부부는 힘도 달리고 살림도 더 어려워져 다람쥐들에게 산에 들어가 살길을 찾으라고 권합니다. 그런데 눈물을 흘리며 떠났던 다람쥐 수백 마리가 해 질 무렵이 되니 두 볼주머니 가득 낟알을 물어옵니다. 다람쥐들은 그렇게 노부부가 죽을 때까지 낟알을 물어 나르다가 부부가 죽자 무덤을 꾸며 제사를 지내고 산속으로 들어가 다시는 나오지 않았답니다.

-『은혜 갚은 다람쥐』(한국 전래동화)

힘없는 다람쥐가 족제비에 잡아먹힐 위험에 처합니다. 이제 더 이상 동물도감 속에 갇혀 있는 다람쥐가 아닙니다. 달밤에 혼자 알밤을 찾아다니는 다람쥐도 아니고, 도토리 점심을 챙겨 신나게 소풍을 가는 다람쥐도 아니지요. 그리고 위기 상황에 대한 대처 능력은 아직 없습니다. 위험에 처한 다람쥐 앞에 착한 노부부가 나타납니다. 이제 다람쥐는 그저 귀여운 모습을 보여 주는 것에 그치지 않고 사람과 관계를 맺습니다. 그것도 아주 우호적인 관계를요. 동물만 등장하다가 사람이 나오면 아이들이 이야기에 몰입하거나 공감하는 정도가 높아집니다. 아이는 다람쥐와 사람의 관계를 묶어 인식하기 시작합니다. 다람쥐는 귀엽고 사람과 잘 어울리며, 의리도 있는 동물입니다. 아이는 이렇게 다람쥐에 대하여 수집한 관련 정보를 기존의 정보와 함께 머릿속에서 얽어 생각하고, 추가된 스토리를 통하여 체험과 이해의 범위를 넓혀 갑니다. 그리고 또 다른 이야기를 받아들일 준비를 하게 되지요. 이러한 과정이 반복되면서 아이의 독서 능력이 자라게 됩니다.

이런 맥락에서 조금 더 나아가 보면, 패러디(parody)[16] 작품들도 상호텍스트성에 대한 이해를 돕는 재미있는 소재가 됩니다. 영화 「슈렉」을 보면 신데렐라, 백설 공주는 물론이고 기존의 알려진 동화 속 주인공들이 다양하게 등장합니다. 하지만 이런 낯익은 공주들이나 아기 돼지 삼 형제, 피노키오 같은 캐릭터들은 영화 속에서 겉모습은 기존과 같지만 성격은 다르게 그려지고 있습니다. 우아하고 소극적인 이미지를 벗어 던진 공주들과 분위기를 활기 있게 만들어 주는 다른 동화 속 주인공들은 원작에서 이미 많이 벗어나 있습니다. 「슈렉」의 작가는 기존에 가지고 있던 동화 텍스트를 슈렉과 만나게 하면서 선입견을 깨고 변화를 이끌어 낸 것이지요. 이 영화에서는 이런 패러디 기법을 사용하여 코믹함과 흥미로움을 배가시키고 있는

---

16 패러디(parody)는 사전적으로 '특정 작품의 모방이되 원작과는 차이를 지닌 모방을 통해 원작을 생산적이고 창조적으로 재기능화하는 방법'이라는 의미를 갖고 있습니다.

것입니다. 이렇게 텍스트와 텍스트가 서로 소통하여 만들어 내는 상호텍스트성은 문학의 경계를 넘어 다른 예술 장르까지 확대되고 있습니다.

아이가 다양한 작품들을 읽으면서 상호텍스트성에 대한 감각을 키워, 개성 있는 자신만의 작품을 만들어 갈 수 있기를 기대해 봅니다.

04 유형별 책 읽기

부모님들은 내 아이가 기왕이면 다양한 종류의 책을 고루 읽기를 바랍니다. 하지만 아이가 읽으면 좋은 책은 세상을 덮고도 남을 만큼 많으니 문제가 됩니다. 세상의 모든 책을 다 읽을 수는 없으니까요. 그래서 아이에게 '무엇을 읽힐 것인가'를 고민하게 되는데, 이 고민은 '어떤 종류의 글을 읽힐 것인가'에 대한 고민과도 이어집니다. 초등학교 교과서에 나오는 지문들을 기초로 살펴보면 초등 아이들이 알아야 하는 글의 종류는 일기와 편지, 생활문, 수필, 시나 노래, 이야기, 만화나 애니메이션, 국내외의 동시와 동화, 설명하거나 주장하는 글, 자서전과 전기 등입니다. 하지만 이런 유형의 글들도 아이들이 학년에 따라 이해하기 쉽도록 주로 동화나 생활문의 형식을 빌려 표현되어 있어서 실제 교과서를 보면 오히려 더 단순하다는 느낌이 들 수도 있습니다. 여기서는 저학년 아이들과 함께 읽어 보면 좋은 책들을 유형별로 몇 가지만 같이 들여다보기로 하지요.

◆ 그림책

그림책이라고 하면 자칫 글을 읽을 수 없는 아이들을 위해 이야기의 내용을 이해하기 쉽도록 그림을 그려 넣고 어른이 글을 읽어 주는 책이라고 생각할 수 있습니다. 그러면 글을 모르는 아이는 혼자서는 그림책을 읽을 수 없는 걸까요? 아니요, 그렇지 않습니다. 글을 모르는 아이도 혼자 그림책을 읽을 수 있습니다. 어떻게 읽느냐고요? 그림으로 읽습니다. 그림으로 읽으면서 심지어는 어른보다 더 잘 읽습니다. 그러다가 시간이 흘러 글자를 알게 되면 아이는 더 이상 그림책을 그림으로 읽지 않고 글로 읽게 됩니다. 글로 읽는다는 것은 다른 의미에서 이제는 아이가 그림으로 읽는 방법을 잊어 간다는 말도 됩니다. 아이에게는 한 편의 영화 같기도 하고 생생한 공간 같기도 하던 그림책의 화면이 닫혀 가는 것이죠. 그 대신 아이는 더 많은 활자를 만나면서 고차원의 문해력을 키워 가기는 하겠지만요. 그래서 초등 저학년 시기의 아이들로부터 그림책을 너무 일찍 빼앗지는 않았으면 하는 바람입니다.

존 버닝햄의 『네가 만약』은 아이를 수다쟁이로 만들 수 있는 즐거운 그림책입니다. 엄마가 능숙한 구연가가 아니어도, 책 속의 그림을 보는 것만으로도 아이는 자기의 생각을 말하고 싶어 할 것입니다.

만약에
뱀이 네 몸을 친친 감는다면
물고기가 널 한입에 꿀꺽 삼키려 한다면
악어한테 네가 먹힌다면
또는 코뿔소 엉덩이 밑에 네가 깔린다면 어떨까?
(중략)
네가 만약 이런 동물을 갖게 된다면?
간질이며 놀 수 있는 원숭이
책 읽어 주는 코알라
함께 권투 시합하는 고양이
스케이트보드 타고 노는 개
타고 다닐 수 있는 돼지
또는 함께 춤출 수 있는 염소

-『네가 만약』(존 버닝햄 저, 비룡소) 중에서

이런 일상적이고 재미있는 장면을 보여 주는 그림책들은 많습니다. 기타무라 사토시의 『나야? 고양이야?』(베틀북)도 그런 상상력을 자극하는 그림책이지요. 어느 날 자고 일어나 보니 꼬마 니콜라스는 고양이 레오나르도와 몸이 바뀌어 있습니다. 그렇게 하루를 꼬박, 꼬마 니콜라스는 고양이가 되고 고양이 레오나르도는 니콜라스가 되어 엉망진창의 하루를 보냅니다. 책에는 그사이에 일어나는 일들이 그림으로 우스꽝스럽게 표현되어 재미있습니다. 그날 저녁 뾰족모자 할머니가 니콜라스에게 다녀가고 아침이 되자 모든 것은 제자리로 돌아왔습니다. 학교에서 맥거프 선생님이 레오나르도와 똑같은 모습으로 앉아 있던 것만 빼면 말이지요. 이 이야기의 특징은 책의 마지막 장에 이어질 내용을 상상할 수 있다는 점입니다. 고양이가 된 선생님에게는 어떤 일이 일어날지, 선생님이 된 고양이는 어떤 모습으로 지낼지, 다음날이 되면 또 누가 고양이가 되어 있을지 그런 이야기들이 아이의 입에서 자연스레 흘러나올 수 있는 것이 이 그림책이 가진 매력이랍니다. 이렇게 그림책은 책 갈피갈피에 스토리와 느낌이 살아 있고 등장인물들의 동작이나 표정이 적절히 반복되어 나타나므로 아이들에게 안정감과 리듬감을 동시에 느낄 수 있게 합니다.

덧붙여 아이와 함께 글씨 없는 그림책의 매력에도 빠져 보기를 권합니다. 『구름공항』으로 알려진 데이비드 위즈너의 《글자 없는 그림책》 연작 시리즈[17]도 좋고, 레이먼드 브릭스의 『눈사람 아저씨』(마루벌)도 포근한 기분을 선사하는 그림책입니다. 더 나아가서 어린이를 위한 샤갈이나 다빈치, 우리나라의 박수근과 김기창 화가의 작품집을 재구성한 책들도 아이와 대화를 나누기 좋은 재료입니다. 결국 정

---

17 『시간 상자』(베틀북), 『이상한 화요일』(비룡소), 『이봐요, 까망 씨!』(비룡소)

말 좋은 그림책은 완성된 글에 그림을 더해 놓은 것이 아니라 글과 그림, 그리고 독자가 함께 이야기를 완성해 나갈 수 있는 책이라 할 수 있겠습니다.

◆ 동시집

프랑스의 초등학교 수업에서는 동시를 배우고 암송하는 것을 가장 중요하게 생각한다고 합니다. 이 시기에 아이들이 시적인 언어에 자연스럽게 익숙해지는 것이 언어 발달이나 심성 교육에 큰 역할을 한다고 판단한 것이지요. 그렇다고 해서 아이의 시와 어른의 시가 다른 것은 아닙니다. '동시(童詩)'란 '어린이를 독자로 예상하고 어린이의 정서를 읊은 시'를 뜻합니다. 그러나 좀 더 정확하게 의미를 정하자면 '어린이의 정서로 공감할 수 있는 모든 시'를 '동시'라 할 수 있습니다. 일찍이 열린 생각을 가지고 있던 시인들도 비슷한 생각이었나 봅니다. 김소월, 윤동주, 정지용 같은 거장들의 시 중에서도 동시집 속에 들어 있는 작품들이 상당수 보이는 것만 보더라도 말이지요. 윤석중, 이원수처럼 어린이를 위하여 본격적으로 시작 활동을 했던 시인들도 물론 있지만요.

특히 시를 노래로 부를 수 있는 동시의 특징은 아이들이 시를 놀이로 인식할 수 있게 해 주고, 리듬 있는 언어를 활용할 줄 알게 할뿐만 아니라, 이것을 통해 생각을 효과적으로 표현하는 방법도 익힐 수 있도록 해 준다는 것입니다.

원숭이 엉덩이는 빨개
빨가면 사과
사과는 맛있어
맛있으면 바나나
바나나는 길어
길면 기차
기차는 빨라
빠르면 비행기
비행기는 높아
높으면 백두산

이 동요는 앞의 꼬리말을 반복하여 뒷말을 시작하는 형태로 계속 이어집니다. 이런 민요를 '꼬리따기요'라고 부르는데, 이것은 비슷한 어휘도 반복되고 리듬감을 통해서 읽는 이를 흥겹게 합니다. 『시리동동 거미동동』[18]도 제주의 꼬리따기 민요를 소재로 엮은 책입니다. 문답이나 설명으로 시작해서 말꼬리를 이어가며 부르는 말놀이 동시집은 즐거운 경험이 될 수 있습니다. 다음에 나오는 「잘잘잘」도 유사한 맥락에서 활용할 수 있습니다.

---

18 『시리동동 거미동동』(권윤덕 저, 창비)에는 "왕거미 거미줄은 하얘. 하얀 것은 토끼, 토끼는 난다. 나는 것은 까마귀……"와 같은 다른 내용의 꼬리따기요가 수록되어 있습니다.

하나 하면 할머니가
지팡이 짚고서 잘잘잘

둘 하면 두부장수
두부를 판다고 잘잘잘

셋 하면 새색시가
화장을 한다고 잘잘잘

넷 하면 냇가에서
빨래를 한다고 잘잘잘

다섯 하면 다람쥐가
알밤을 깐다고 잘잘잘

－「잘잘잘」(전래동요)

여섯 하면 여학생이
공부를 한다고 잘잘잘

일곱 하면 일꾼들이
나무를 벤다고 잘잘잘

여덟 하면 엿장수가
깨엿을 판다고 잘잘잘

아홉 하면 아버지가
신문을 본다고 잘잘잘

열 하면 열무 장수
열무를 판다고 잘잘잘

'잘잘잘'은 원래 '머리를 좌우로 가볍게 자꾸 흔드는 모양'이나 '물
건을 손에 들고 가볍게 흔드는 모양'을 의미하는 단어 '잘잘'에서 파
생된 단어라고 합니다. 하지만 이 시에서는 연이 끝날 때마다 읽는
이의 흥을 돋우기 위한 목적이 더 크다 할 수 있지요. 또 이렇게 노래
하듯 읽다 보면 우리가 일상에서 사용하는 표현들을 풍부하게 이미
지로 떠올릴 수 있는 장점도 큽니다.

저희 아이 책장에 『신발 속에 사는 악어』(사계절)라는 동시집이 한 권 있었습니다. 《반갑다 논리야》 시리즈를 쓴 위기철 작가가 동시도 썼다는 것이 흥미로워서 펼쳐 보았지요. 동시집이라는 무겁지 않은 성격 탓도 있겠지만 '이야기 동시집'이라는 타이틀이 흥미롭게 다가왔습니다. 처음에 표지가 예쁘다며 책을 만지작거리던 채리가 책장을 몇 장 넘기더니 깔깔거리기 시작했습니다. 그리고 이내 낭송 서비스까지 해 주었습니다. 그동안 동시는 텍스트가 길지 않지만 집중해서 읽기 힘들고, 교과서에 나오는 동시 외에는 접할 기회가 많지 않은 조심스러운 분야였습니다. 하지만 걱정과는 다르게 채리는 소리 내어 읽다가 어느새 시인이 숨겨 놓은 리듬도 찾은 듯 살려내어 읽고 있었습니다. 좋은 책은 엄마 생각으로만 유익한 책이 아니라, 아이에게도 즐거운 책이어야 하나 봅니다.

더하여 또래 아이들이 지은 동시를 읽어 보는 것도 적극적으로 추천합니다. 학교에서 문집으로 묶어 만들어 놓은 것도 있고, 시중에도 학생들의 작품을 모아 출판한 동시 작품집들이 많이 나와 있습니다. 내 또래의 친구들은 무슨 생각을 하는지, 무엇에 관심이 있는지, 나와 비슷한 기분을 어떻게 표현하는지 경험할 좋은 기회가 될 것입니다. 그리고 시간 날 때마다 도서관에서, 서점에서 예쁘고 재미있는 동시집을 찾아 잘 보이는 곳에 놓아 주세요. 아이가 노래하듯 시를 흥얼거리는 날을 기쁜 마음으로 기다리면서요.

◆ 팝업북

팝업북(pop-up book)은 '펼치면 그림이 튀어나오는 책'을 말합니다. 크리스마스나 생일에 흔히 사용되는 입체 카드를 떠올리면 쉽습니다. 팝업북은 책을 펼치면 입체로 튀어나와 만져지다가 책을 덮으면 다시 제자리로 돌아가는 독특한 구조로 인하여 아이들의 흥미를 유발하거나 주의를 집중시키는 데 효과적이어서 유아 대상의 그림책 시리즈에서 많이 활용됩니다. 하지만 미국의 대표적인 팝업북 작가인 로버트 사부다의 경우 성인들 사이에서도 큰 인기를 끌고 있습니다. 로버트 사부다의 『신데렐라』나 『이상한 나라의 앨리스』 등 눈이 즐거워지는 팝업북들을 꼭 만나 보세요.

▲ 여러 가지 팝업북

아이들은 팝업북을 볼 때 보통 그 안에서 글자를 찾아 읽기보다는 입체적인 펼침면과 그림을 통해 생각이나 느낌을 말하게 됩니다. 이야기를 만들어 내거나 상상하기도 하면서 이 화려한 입체를 어떻게 하면 똑같이 접을 수 있을지도 궁금해합니다. 팝업북은 펼쳐 놓는 것만으로도 넋을 잃고 빠져들게 되는 매력이 있지만, 아이들과 활용할 때는 주제가 너무 한정적인 범위에서 책을 고르지 않도록 주의가 필요합니다. 아누크 부아로베르의 『바다 이야기』(보림), 『나무늘보가 사는 숲에서』(보림)처럼 환경에 관한 이야기, 내셔널 지오그래픽의 《자연 관찰》 시리즈를 통해 아이가 환경과 자연에 대한 생각을 키울 수 있게 해 주세요. 미국과 유럽 도시의 유명한 건축물들을 소개하는 《시티 스카이라인》 시리즈도 유익하고 즐겁게 활용할 수 있습니다.

◆우리 작가의 창작동화

전래동화나 명작동화만으로는 다 채울 수 없는 책 읽기의 영양소를 보충해 주는 것이 바로 '창작동화'입니다. 창작동화는 형식이 자유롭고 주제도 다양해서 아이의 취향에 따라 선택하고 감상하기 좋습니다. 주로 아이들 생활 주변의 일을 소재로 잘 읽히고 쉽게 공감할 수 있도록 친근하게 풀어갑니다. 또, 미술 작품 못지않은 아름다운 삽화들을 감상할 수 있다는 것도 큰 장점입니다. 필요한 교훈적인 요소들을 담아내면서도 또래 아이들의 감성을 예민하게 포착하고 있지요. 그래서 뛰어난 국내외의 창작동화들은 굳이 권하지 않아도 이미 대중적인 인기가 높습니다. 심지어는 어떻게 읽고 어떤 활동을 하면 좋은지에 대해서도 전문가는 물론 부모님들의 경험치를 넉넉히 찾아볼 수 있지요.

그런데 오래전, 우리의 창작동화가 시작될 무렵까지 거슬러 올라가 찾아보면, 지금 만날 수 있는 창작동화와는 그 무늬와 결이 많이 다른 특별한 작품들을 만나 볼 수 있습니다. 가령 「날개」, 「오감도」로 유명한 이상 작가가 「황소와 도깨비」라는 동화를 쓴 사실은 모르는 분들이 많습니다. 황소 배에 들어간 어처구니없는 도깨비의 사연은 고개를 갸웃하게도 하지만 작가가 이야기하고 싶은 것이 무엇인지는 명확하게 나타나 있습니다. 「왕치와 소새와 개미」를 쓴 작가가 「태평천하」, 「탁류」로 알려진 채만식이라는 점도 낯설기는 마찬가지입니다. 풍자적인 표현에 천재적인 작가가 동화적 감성으로 풀어낸 이 작품에서 등장인물들의 캐릭터는 너무도 선명하고 강렬하게 드러납니다. 요즘의 창작동화들에서 찾아보기 힘든 특별함이 있습니다. 「소나기」처럼 알려지진 않았지만, 황순원 작가가 쓴 「산골 아이」나 「골목 안 아이」, 「달과 발과」와 같은 작품들도 옛이야기와 버무려져 우리의 고유한 정서를 잘 보여 주는 특별한 동화입니다. 「봄봄」, 「동백꽃」으로 기억되는 김유정의 「옥토끼」에서는 앞의 작품에서와는 조금 다른 주인공의 사랑 이야기가 보입니다. 짧고 단순한 글의 구성은 아이들이 이야기 구조에 익숙해지는 데 도움을 줄 것입니다.

방정환 작가의 경우 「만년 셔츠」, 「양초귀신」, 「노래 주머니」 같은 짧은 동화들로 시작하여 장편 동화인 「칠칠단의 비밀」이 가지고 있는 매력까지 쭉 느껴 볼 수 있으면 좋겠습니다. 그리고 「강아지똥」 같은 짧은 이야기로 권정생 작가의 동화 읽기를 시작했다면 「밥데기 죽데기」와 「몽실언니」까지 연결해서 읽어 보시기를 권합니다. 생명, 이웃, 우리 민족에 대한 사랑을 주제로 하는 이 작품들은 아이들이 자라면서 바른 인성과 가치관을 갖도록 끊임없이 곁에서 속삭여 줄 테니까요. 또 이원수 작가의 동화 중에는 「이순신」, 「김구」처럼 우리나라의 역사적 영웅들의 삶에 대해 편안하게 이야기를 들려주듯 써 놓은 전기도 있고, 「5월의 노래」나 「메아리 소년」처럼 일제 강점기와 전쟁을 배경으로 당시 아이들의 삶을 비추며 안타까움을 느끼게 하는 작품들도 있습니다.

이런 동화들은 요즘 아이들에게 외국 동화들보다 낯설게 다가올지도 모릅니다. 하지만 이 시기의 동화들은 우리글이 가진 고유한 느낌과 멋을 잘 살려내고 있습니다. 그리고 어딘지 정확히 보이진 않지만 지금의 부모님과 아이들의 생각이나 삶과도 닿아 있지요. 혹시 부모님과 아이들 모두에게 잠시 낯선 장면이 되더라도 함께 상상해 보고, 찾아보고, 이야기를 나눌 수 있는 귀한 소재로 활용하기를 바랍니다.

◆자서전과 전기

자서전은 조금 재미있는 글의 형식입니다. 자서전은 사람이 죽기 전에 자기가 직접 자기 자신에 대해 쓴 글을 말합니다. 어떤 사람이 살아오면서 얻은 경험과 지식을 자신을 중심으로 그려 내는 일종의 보고서 같다고도 하지만, 그 사람이 얼마나 진실하게 썼는지에 대해서는 누구도 장담할 수 없는 글이기도 하지요. 사실 다른 사람의 인생에 대해서도 알기 어렵지만, 자기 인생에 대해서도 제대로 알기는 어려운 일일 테니까요.

그렇게 본다면 자서전이라는 글의 유형은 초등학생과 잘 어울리지 않는 듯도 합니다. 초등학생들이 읽기 쉽게 분량을 줄이고 쉬운 문체로 만들어 놓은 교육용 자서전이 있긴 합니다. 하지만 그런 요약되거나 단편적인 책을 읽고 자서전을 읽었다고 생각한다면, 이후에 진짜 자서전이 주는 감동이나 메시지를 제대로 느낄 기회가 없을까 봐 염려되는 부분도 있습니다.

그런 이유로 초등학교 저학년 교과서에서도 자서전을 다루기보다는, 재미있거나 인상 깊은 일을 쓴 일기나 생활문, 일상의 고민이나 경험을 다룬 글 등을 통해서 자신의 주변과 삶에 관해 표현한 다양한 글을 충분히 만나게 됩니다. 이런 글 안에 들어 있는 삶에 대한 표현 방식에 충분히 익숙해지고 3, 4학년쯤 되어 원작의 감동을 느껴 볼 만한 적당한 분량의 「백범일지」나 「간디 자서전」 같은 것들도 펼쳐 볼 수 있게 되겠지요.

자서전과 비슷한 유형으로 전기를 꼽을 수 있습니다. 전기(傳記)는 인간의 삶에 관해 기록하고 있다는 점에서는 자서전과 비슷해 보이는 면도 있고, 사실 넓게 보면 자서전도 전기에 속한다고 말할 수도 있습니다. 하지만, 자서전은 자신이 자기 삶을 기록한 것이고, 전기는 개인의 삶을 제삼자가 기록한 것이라는 데 차이점이 있습니다. 보통 위인전이라는 명칭으로 읽히는 책들이 이에 속합니다. 아이들이 읽는 전기는 주로 교훈적이거나 도덕적인 목적으로 쓰여진 것들입니다. 「플루타크 영웅전」 같은 것이 대표적입니다. 플루타크는 과거 그리스와 로마의 영웅들이 저질렀던 실수를 기록으로 남겨서 후대인들이 경계로 삼게 하려고 이 책을 썼다고 합니다. 이 외에 우리나라 또는 외국의 위인들에 대한 수많은 전기는 바로 아이들의 필독 도서 목록에 큰 부분을 차지하고 있기도 합니다.

그런데 전기는 아이에게 읽힐 때 난감한 점이 하나 있습니다. 바로 그 종류가 매우 많다는 것입니다. 글을 읽기 전부터 부모님이 들려주던 위인들의 전기, 그리고 글을 읽게 되면서 그림과 함께 또박또박 읽기 시작한 전기, 또 동화 작가가 초등학교 고학년용으로 분량을 할애하여 써 놓은 전기, 그리고 전문 전기 작가가 쓴 전기 등등… 이런 전기들 가운데 어떤 것을 읽어야 하는 걸까요? 물론 다양한 종류로 여러 번 읽으며 그 차이를 찾아갈 수 있다면 가장 좋습니다. 하지만 아이가 자라면서 이순신에 대한 전기를 그림책으로 읽고, 동화책으로도 읽고, 마침내 제대로 된 전기 형태로도 읽는 것은 어려울 겁니다. 아이들은 내용을 어렴풋이 기억하는 책들도 완벽하게 읽었다고 여기는 경향이 있기 때문입니다. 그래서 절대적인 독서량이 가장 많은 초등학생 시기에 읽은 「이순신 전기」가 마지막인 아이들이 가장 많을 것입니다.

그런데 전기는 일종의 역사책과도 같습니다. 그래서 전기는 역사책 읽듯이 읽어야 한다고 말하는 학자도 있습니다. 제대로 쓰인 전기는 그 안에 전기의 주인공이 살았던 시대의 역사적 사실뿐 아니라 생활 모습, 관습, 사람들이 생각하는 방식이나 태도 등 많은 것들이 들어 있습니다. 이런 것들은 재미있어서 읽기도 하고, 진실을 알고 싶어서 읽기도 하고, 감동이나 교훈을 얻기 위해서 읽기도 합니다. 한편 부모님들은 아이가 인간에 대한 호기심을 가지고 훌륭한 삶을 살다 간 사람들에 대해 많은 것을 궁금해하기를, 그리고 거기에서 용기와 지혜를 얻기를 원합니다. 이런 읽기가 되려면 아무래도 전기 역시 초등 3, 4학년 이후에 읽는 것이 효과적일 것입니다. 인도의 독립 운동을 이끈 위대한 영혼 간디, 점자를 창안한 루이 브라유, 시청각 장애를 극복한 탁월한 지성 헬렌 켈러, 일제 강점기의 어린이 교육인 방정환, 통일된 나라를 꿈꾸었던 정치가 김구, 나비 박사 석주명처럼 다양한 분야의 인물에 흥미를 느끼고 전기 읽기를 시작할 수 있다면 좋겠습니다.

하지만 아이가 궁금해하는 특정 인물의 전기는 아이의 독해 능력에 맞는 책으로 그때그때 바로 읽게 하는 것이 좋습니다. 그리고 또

세월이 좀 더 지나 아이는 출판사와 저자가 다른 책으로 해당 인물의 전기를 다시 읽으면서 어떤 전기가 더 바른 역사를 기록하고 있는지, 더 생생하게 인물의 삶을 담아내고 있는지 가려 읽을 수 있게 될 겁니다.

05 주제별 책 읽기

        초등 시기에 아이들이 독서를 통하여 접할 수 있는 주제들은 정말 다양합니다. 책마다 각기 주제가 한 가지씩만 들어 있는 것은 아니지만 우리는 어떤 책을 읽을 때, 혹은 읽고 나서 그 책을 하나의 주제로 기억하는 경우가 많습니다. 그래서 이번 글에는 초등 저학년 시기에 자주 다뤄지는 주제들을 중심으로 책들을 찾아보기로 하겠습니다. 그리고 우리가 잘 보지 못하는 숨은 주제들도 한번 찾아볼까요?

◆ 보이지 않는 아이들에 대한 이야기

브라이언은 다른 아이들에게는 '보이지 않는 아이'[19]입니다. 이렇게 말하면서 이미 마음이 아파 옵니다. 아이들 사이에서 마치 보이지 않는 것처럼 이름도 불리지 않던 브라이언은 전학생인 저스틴과 마음을 터놓으며 마침내 자기 색깔을 나타내기 시작합니다. 이 책은 따돌림에 관한 이야기이기도 하지만, 필요할 때 용기를 낼 줄 알아야 한다는 메시지도 들어 있습니다. 또, 관점을 달리해 보면 다른 사람의 장점을 볼 수 있는 밝은 눈을 가질 수 있다는 속삭임도 들어 있지요.

이렇게 일상적인 이야기 속에 아이가 착한 심성을 가지고 자랄 수 있도록 도와주는 이야기들은 다양한 분야에 걸쳐 찾아볼 수 있습니다. 『깃털 없는 기러기 보르카』(존 버닝햄 저, 비룡소), 『내게는 소리를 듣지 못하는 여동생이 있습니다』(진 화이트하우스 피터슨 저, 웅진주니어), 『강아지똥』(권정생 저, 길벗어린이), 『양파의 왕따 일기』(문선이 저, 푸른놀이터), 『내 짝꿍 최영대』(채인선 저, 재미마주) 등의 동화 안에도 브라이언처럼 '보이지 않는 아이'가 되어 눈물 흘리는 다양한 주인공들이 등장합니다. 저마다의 이유로 아픔을 겪고 있는, 모두 사랑받아야 할 아이들의 이야기입니다. 이런 이야기들을 읽으면서 아이가 따뜻한 눈을 가지고 주변을 살필 수 있는 심성을 키워 가기를 바라는 마음을 담아 봅니다.

---

19 『보이지 않는 아이』(책과콩나무)는 아이들이 따뜻한 마음을 가지고 함께 어울려 지내는 세상을 꿈꾸는 작가 트루디 루드위그가 쓴 동화입니다.

◆재미있는 우리 고전

초등 저학년 아이들은 옛이야기 책을 충분히 읽게 하는 것이 좋습니다. 옛이야기 책은 스토리 구조가 복잡하지 않고 등장인물의 성격이 입체적이지 않아 아이들이 금세 익숙해지면서도 쉽게 공감할 수 있습니다. 특히, 책 속에 등장하는 인물들의 특성이나 관계, 이야기의 구조, 주제나 교훈 등이 명확하게 드러나 있습니다. 아이는 옛이야기를 읽으면서 등장인물들이 어떤 상황에서 갈등을 겪고 어떤 선택을 하는지, 또 그 선택으로 인하여 어떤 결말을 맞이하게 되는지 쉽게 찾아낼 수 있습니다. 또, 독서량이 늘어감에 따라 단순한 이야기 구조를 반복적으로 체험하게 되면서 자주 나오는 이야기의 구조나 결말, 주인공의 성격 등에 익숙해지게 됩니다. 그러다 보면 어느새 등장인물들의 말이나 행동에서 사건이나 갈등 요소를 끌어낼 수도 있게 되고, 유사한 에피소드를 만나면서 결말이나 주제를 미루어 짐작해 보게도 됩니다. 일종의 이야기 진행 공식을 깨닫게 된다고 할 수 있습니다. 아이는 이렇게 머릿속에 만들어 놓은 공식을 다른 새로운 이야기에 그대로 적용해 보기도 하고, 때로는 다른 이야기에 변형하여 이해하기도 합니다. 이런 작업을 토대로 아이들은 비슷한 이야기를 만들어 낼 수도 있게 되고, 이야기책들에 대해 자기 생각이나 느낌을 얹어 표현할 수 있게 됩니다.

재미있는 우리 고전 속에는 아이들에게 이런 능력을 키워 줄 좋은 재료들이 많이 들어 있습니다. 『아씨방 일곱 동무』(이영경 저, 비룡소)

는 작가 미상의 우리 고전 수필 「규중칠우쟁론기(閨中七友爭論記)」를 쉽게 풀어 쓴 동화입니다. 옛 여성들의 반짇고리에 들어 있던 일곱 가지 사물(바늘, 실, 자, 가위, 골무, 인두, 다리미)을 의인화하여 등장시켰던 이 글은 의인화를 주된 기법으로 사용하는 동화로 재구성되는 데 전혀 어색함이 없어 보입니다.

『신기한 그림족자』(이영경 저, 비룡소)는 고전 소설 「전우치전」의 한 대목을 빌려 동화로 각색한 작품입니다. 과한 욕심은 화를 부른다는 교훈을 담고 있기도 하지만, 등장인물이 그림 속으로 들어가는 흥미로운 장면이 연출되어 아이와 상상하며 읽기 좋은 책입니다.

『바리공주』는 관북 지방의 설화로 전해오는 '바리데기 신화'에서 이야기의 윤곽을 잡은 동화입니다. 효(孝)에 관한 이야기도 들어 있지만 죽음과 죽음을 초월하는 것에 대한 이야기까지 들어 있어 동화로는 드물게 철학적인 대화도 나누어 볼 수 있습니다.

그 외에도 구비 설화로 전해지며 삼국유사에도 실려 있는 '혼쥐설화'에 착안한 『흰 쥐 이야기』(장철문 저, 비룡소), 여우가 둔갑해 누이로 태어나 가족을 해쳤다는 '여우 누이 설화'를 근간으로 한 『여우 누이』, 고려말 닥치는 대로 쇠를 먹어 치우면서 사람들을 공포에 떨게 했다는 '불가사리 전설'을 그대로 담은 『쇠를 먹는 불가사리』 같은 작품들을 통해서도 우리 고전이 지닌 재미있고 신묘한 맛을 느껴 볼 수 있습니다.

◆ 소중한 우리 문화 이야기

우리의 전통문화에 대한 주제는 아이가 어릴 적부터 많이 보여 주고 싶은 부분이지만 그 시작은 쉽지 않습니다. 자칫 백과사전류의 책처럼 여겨지거나 그림만 넘겨 보는 책이 되기가 쉽기 때문이지요.

『숨 쉬는 항아리』(정병락 저, 보림)는 우리의 전통 중에서 항아리의 모양과 용도를 소개하고 있는 책입니다. 흙을 반죽하여 가마에 구워 낸 그릇들이 각기 다른 용도로 쓰인다는 내용은 각기 다른 사람들은 각자 담아낼 물건이 다른 그릇과도 같다는 깨달음으로 이어집니다. 요즘 보기 어려운 장군이나 소줏고리 같은 항아리들을 보면서 아이는 눈을 반짝이게 됩니다.

『연아 연아 올라라』(김명자 저, 보림)에서는 치마연, 허리동이연, 가오리연, 박이연, 지네발연, 관연 등 다양한 모양을 한 연들을 만날 수 있습니다. 아이와 함께 만들어 날려 보고 싶은 연에 관해서 이야기를 나누고, 온 가족이 소원을 담은 연을 만들어 날려 본다면 더욱 좋겠지요?

『아무도 모를 거야 내가 누군지』(김향금 저, 보림)에서는 우리의 민속 탈의 모습을 생활동화로 소개하고 있고, 『쪽빛을 찾아서』(유애로 저, 보림) 같은 경우에는 우리의 천연염색인 쪽물을 들이는 과정을 만나 볼 수 있습니다.

『까치와 소담이의 수수께끼 놀이』(김성은 저, 사계절)는 계절마다 절기에 어울리는 수수께끼가 나옵니다. 봄의 수수께끼는 봄이 끝나는 5월에, 여름의 수수께끼는 더위가 막바지에 드는 8월에 풀립니다. 아이와 책장을 넘기면서 계절이 지나가는 수수께끼를 풀어 가는 즐거움을 찾아보세요. 이렇게 수수께끼를 활용한 이야기들은 옛이야기에서도 종종 등장합니다. 전래동화 『복 타러 간 사람』(정해왕 저, 보림)을 읽으면서 주인공이 매 순간 마주하게 되는 수수께끼 같은 상황에서 함께 답을 찾아볼 수 있어도 좋겠습니다.

우리 전통의 삶과 과학을 소재로 한 시리즈 책 중에서는 『배무이』 (최완기 저, 보림)가 기억에 남습니다. 『배무이』에서 원시 통나무배에서 시작하여 거북선에 이르기까지 배의 역사와 만드는 법, 종류 등에 대해서 고증을 거친 세밀한 그림과 함께 감상할 수 있습니다. 평소 막연하게 느껴지던 주제에 대해서 엄마와 아이가 함께 궁금증을 해소할 수 있는 책이 될 수 있을 겁니다.

그 외에도 우리 문화를 소재로 한 동화들은 선택에 고민이 될 만큼 많이 나와 있습니다. 워낙 많은 책이 있는 만큼 부모님들이 더 부지런히 찾아보시고 잘 만들어진 책으로 선택하셨으면 좋겠습니다. 잘 만들어진 책은 아이에게도, 어른에게도 잘 읽힙니다. 아이의 눈높이에 맞는 글밥과 아이가 편안하게 볼 수 있는 삽화 등을 고려해서 골라 주세요. 아이들이 우리의 전통문화에 대해 더 많은 관심과 사랑을 가지면서 자라면 좋겠습니다.

다른 나라의 문화 읽기

여행의 매력은 낯선 것을 직접 보고 느끼면서 가슴에 담을 수 있다는 점이지요. 하지만 세계여행을 하거나 백과사전을 찾아보지 않고도 세계 여러 나라의 사람들을 만나고 온 것 같은 느낌이 들 수 있는 방법이 있습니다. 다름 아닌 책을 통해서입니다.

『수호의 하얀 말』(오츠카 유우조 저, 한림출판사)에서는 현이 2개인 몽골의 전통 악기 '마두금'이 생겨난 슬픈 사연과 함께 초원의 나라 몽골의 풍속화 같은 장면들을 만날 수 있습니다. 몽골의 민담에서 가져온 이야기는 우리의 정서와도 멀지 않게 느껴집니다.

『할머니의 조각보』(패트리샤 폴라코 저, 미래아이)에는 안나 가족의 따뜻한 역사가 조각보처럼 펼쳐집니다. 고향인 러시아를 떠나 머나먼 미국으로 왔지만 가족의 모든 소중한 순간에 함께했던 조각보에 대한 기억은 절대 사라지지 않습니다. 잊혀져 가는 우리의 전통에 대해서도 가만히 생각해 보게 하는 책입니다.

『올라의 모험』(인그리 돌레르·에드거 파린 돌레르 저, 비룡소)은 눈 덮인 노르웨이의 숲속에 사는 올라의 이야기입니다. 모험을 떠난 올라가 등장하는 장면 장면마다 낯설지만 신기한 노르웨이의 문화가 보입니다. 언젠가 우리 아이들이 우리나라를 소재로 해서 이런 그림책을 만들어 내면 좋겠다는 생각이 듭니다.

『인디언의 선물』(마리-루이스 피츠패트릭 저, 두레아이들)을 읽다 보면, 자신들을 짓밟았던 백인들을 위해 기근 구호금을 모아 보내는 촉토 인디언들의 모습에 마음이 저며 옵니다. 실화를 바탕으로 한 이 동화는 현지를 돌아다니며 알뜰하게 자료를 수집한 작가가 촉토족의 모습을 실제처럼 살아 있는 느낌으로 전해 줍니다. 사랑보다 더 큰 사랑이 무엇일까 생각해 보게 하는 동화를 아이와 함께 차분히 즐겨 보세요.

최근에는 베트남이나 태국, 그리고 아프리카에 이르기까지 세계 곳곳의 다양한 민족들에 대한 사회적 관심이 높아졌고, 이를 소재로 하는 동화도 많이 발간되고 있습니다. 아이가 더 많은 사람에게 관심을 가지고 자랄 수 있도록, 또 신나는 마음으로 더 넓은 세상으로 나갈 수 있도록 책 읽기부터 준비했으면 합니다.

◆친구 되기

아이의 사회성이 발달하게 되는 가장 큰 사건은 친구를 사귀는 것입니다. 그래서 초등 저학년 아이들의 동화에는 유난히 '서로 친구가 되는 이야기'가 많이 나옵니다. 심지어 서로 먹고 먹히는 관계이거나 함께 살아갈 수 없는, 한 화면 안에서 전혀 어울릴 수 없는 동물들이 서로를 이해하고 마주보고 웃으며 친구가 됩니다.

『개구리와 두꺼비의 사계절』(아놀드 로벨 저, 비룡소)에 나오는 개구리와 두꺼비는 사계절이 지나도록 내내 붙어 다니는 절친입니다. 이들의 이야기는 책 네 권에 걸쳐 이어지지만 전혀 지루하게 느껴지지 않습니다. 착하고 어른스럽기까지 한 개구리와 천방지축이지만 정이 많은 두꺼비를 만나고 있노라면 어느샌가 주변의 친구 이야기를 듣고 있다는 착각마저 듭니다. 그러니 동화 속 개구리가 두꺼비보다 몸집이 크다든지, 양서류는 겨울잠을 자기 때문에 크리스마스 파티를 할 수 없다는 사실 정도는 크게 문제가 되지 않겠지요?

『화요일의 두꺼비』(러셀 에릭슨 저, 사계절)는 눈이 소복소복 쌓인 겨울날 두꺼비 워턴이 고모 댁에 가려고 길을 나섰다가 올빼미 조지에게 잡히는 신세가 되며 시작됩니다. 조지는 자기 생일인 화요일에 워턴을 잡아먹기로 마음먹고, 둘은 그때까지 함께 살게 되지요. 워턴은 비록 먹잇감으로 잡혀 있지만, 퉁명스러운 조지를 따뜻하게 대해주는 다정다감한 캐릭터입니다. 그런 워턴에게 결국 반하고 마는 조지의 모습은 우리의 마음마저 따뜻해지게 만듭니다. 화요일이 다가오는 긴장감 속에서 둘 사이가 점차 가까워지는 모습에서 오는 미묘한 설렘까지 느껴 보시기 바랍니다.

『고약한 녀석이야』(황선미 저, 웅진주니어)에는 못되고 고약한 녀석으로 소문난 너구리 능청이가 나옵니다. 하지만 능청이가 늘 짓궂고 의심스러운 행동을 하는 것은 사실 숲속 동물들 모두와 친구가 되고 싶어서였답니다. 그 마음이 통하고 마침내 친구가 된 이들은 마음을 합해 능청이가 할머니를 찾는 것을 도와주지요. 그리고 숲속 마을에 잔치가 열립니다.

『마법우산과 소년』(김진완 저, 미래아이)에는 소극적이지만 착하고 밝은 성준이가 나옵니다. 성준이는 우연히 손에 넣은 마법우산의 힘을 빌려 몸이 약한 친구 은진에게 자신감을 찾아줍니다. 마법 같은 이야기, 그리고 한편으로는 마법이 아니었으면 하는 이야기에 빠져드는 동안 우리에게도 마법이 일어날지도 모른다는 사실을 믿어 보세요.

책을 읽을 때는 다양한 주제를 통해 접근하는 것이 좋습니다. 하지만 수많은 지도서나 지침서가 나열해 주는 주제나 도서 목록에 미혹되지 말았으면 합니다. 여기에 간단히 소개한 것처럼 엄마와 아이가 함께 좋은 주제를 찾고, 읽은 책들을 주제별로 분류도 해 보고 다른 주제의 책들을 읽을 계획도 세워 보셨으면 하는 바람입니다.

06 시점이 다른 책 읽기

아이들이 세상과 잘 어울려 지내기를 바란다면 다른 사람의 입장이 되어 보는 것만큼 중요한 체험은 없습니다. 책을 읽을 때도 비슷합니다. 늘 정의롭고 선한 주인공의 입장에서 바라보는 것은 너무 뻔해서 금세 싫증이 납니다. 그런데 악당의 입장이 되어 보면 조금 색다른 재미도 있고 반전의 쾌감도 있습니다. 이번에는 원작을 토대로 해서 만들어진, 시점이 다른 책들을 살펴보려고 합니다. 우리가 익숙하게 아는 이야기와 180도 반전된 이야기를 통해서 세상을 다르게 보는 눈을 찾아보도록 하지요.

벽돌로 튼튼한 집을 지어 늑대를 물리친 「아기 돼지 삼 형제」의 이야기는 익히 아실 겁니다. 하지만 조금만 다른 입장에서 생각해 볼 수 있다면 새로운 동화들이 탄생합니다. 비슷한 듯 다른 이야기들을 만나 볼까요?

◆ 늑대가 들려주는 아기 돼지 삼 형제 이야기 vs. 아기 늑대 세 마리와 못된 돼지

두 작품은 모두 「아기 돼지 삼 형제」를 패러디한 동화입니다. 『늑대가 들려주는 아기돼지 삼형제 이야기』(존 셰스카 저, 보림)는 말 그대로 늑대의 시점에서 바라본 아기 돼지 삼 형제에 대한 이야기입니다. 아기 돼지 삼 형제와 늑대 사이에 있었던 사건을 늑대의 시점에서 풀어 나갑니다. 심한 감기에 걸렸던 알(늑대)은 할머니의 생일 케이크를 만드는 데 필요한 설탕을 구하려고 아기 돼지 삼 형제를 찾아갑니다. 첫 번째로 찾아간 지푸라기 집에 살던 돼지는 알이 재채기하는 바람에 집이 무너져 죽습니다. 짚 더미 속에서 발견한 첫째 돼지를 늑대는 금세 먹어 버립니다. 늑대는 원래 돼지를 잡아먹고 사는 동물이니까요. 그리고 나뭇가지로 지은 집에 사는 둘째 돼지에게 설탕을 구하러 갔는데, 마침 또 재채기가 나와 집이 무너지고 알은 둘째 돼지까지 먹어 버립니다. 마지막으로 알은 벽돌집에 사는 셋째 돼지에게 설탕을 구하러 가고, 화를 내며 악담을 퍼붓는 셋째 돼지의 집을 부수려고 할 때 경찰이 들이닥칩니다. 그리고 신문기자들은 '감기 걸린 늑대가 설탕을 얻으러 왔다'라고 기사를 쓰면 독자들의 홍미를 끌 수 없다고 판단하여, 늑대가 입김을 불어 집을 부수고 돼지들을 잡아먹었다는 이야기로 바꾸어 버렸다는 내용입니다.

　『아기 늑대 세 마리와 못된 돼지』(유진 트리비자스 저, 시공주니어)도 늑대와 돼지가 주인공으로 등장한다는 점에서는 같지만, 이번엔 좀 달라졌습니다. 엄마 늑대는 세 마리 아기 늑대들에게 바깥세상에 나가 집을 짓게 하는데, 덩치 크고 못된 돼지를 조심하라고 합니다. 아기 늑대들은 함께 튼튼한 벽돌집을 짓고 문을 걸어 잠갔는데, 못된 돼지는 쇠망치로 집을 무너뜨립니다. 아기 늑대들이 더 튼튼한 콘크리트 집을 짓자, 돼지는 이번엔 구멍 뚫는 기계로 집을 허물어 버립니다. 이젠 튼튼한 철판과 철조망으로 집을 짓는 아기 늑대들의 노력에도 불구하고 돼지는 다이너마이트로 집을 폭파해 버리지요. 마지막으로 아기 늑대들은 아름다운 꽃을 엮어 향기로운 집을 짓습니다. 돼지는 집을 날려 버리려고 입김을 불다가 꽃향기에 취해 버립니다. 꽃향기로 인해 착해진 돼지는 늑대들과 사이좋게 지내게 됩니다.

　우리에게 익숙한 동화들 속에서 늑대는 늘 사악하고 약자를 괴롭히는 동물로 등장합니다. 그렇다면 정말 늑대는 무섭고 소름 끼치는 악당이기만 할까요? 틀에 박힌 모습이던 주인공들의 변신은 동화를 읽는 아이들이 지금까지 옳다고만 여겨 왔던 고정관념을 흔들며 사물을 보는 시선을 바꾸어 보게 도와줍니다. 여기에 기발함과 유머 감각은 덤이 됩니다.

◆ 늑대와 일곱 마리 아기 염소
vs. 토끼와 늑대와 호랑이와 담이와

　『늑대와 일곱 마리 아기 염소』(그림 형제 저)에서도 늑대는 여전히 위험한 동물입니다. 마찬가지로 『토끼와 늑대와 호랑이와 담이와』(채인선 저, 시공주니어)에서도 늑대는 일단 경계의 대상입니다. 엄마 토끼는 늑대가 와도 절대 문을 열어 주지 말라는 당부를 남기고 집을 나섭니다. 혼자 남은 아기 토끼는 큰 빗자루를 들고 집을 지키다가 늑대가 오지 않자 오히려 걱정이 되어 늑대를 찾아 나섭니다. 한편, 아기 늑대는 호랑이가 무서워 집 안에만 숨어 있다가 토끼를 만나 친구가 됩니다. 그리고 함께 호랑이를 찾아 나섭니다. 아기 호랑이는 사냥꾼이 무서워 집 안에만 숨어 있다가 아기 토끼와 아기 늑대를 맞아 친구가 됩니다. 마침내 셋은 함께 밖으로 놀러 나가는데, 마침 꼬마 사냥꾼 담이가 총을 메고 나타납니다. 하지만 넷은 곧 친구가 되어 즐겁게 하루를 보냅니다.

전통적인 동화에서 보여 주는 전형적인 스토리 구조는 창작동화를 통해서 이렇게 멋지게 뒤집어집니다. 개구리 왕자와 살다가 권태를 느낀 공주의 뒷이야기나 왕자와 결혼한 백설 공주의 뒷이야기 같은 것을 작가의 상상력으로 재창작한 작품들도 적지 않게 나와 있습니다. 이런 상상은 동화 작가만이 할 수 있는 고유한 작업이 아닙니다. 우리 아이들도 얼마든지 기발하고 재미있는 이야기들을 만들어 낼 수 있습니다.

07 또래 친구들의 글 읽기

  외국의 초등학교 교과서를 보면 해당 학년 아이들의
작품들이 각 단원의 말미에 실려 있는 것들을 종종 볼 수 있습니다.
단원마다 같은 학년 아이들이 써 놓은 시나 에세이, 소설 같은 글이
고루 수록되어 있지요. 시를 배운 단원 말미에는 같은 학년 학생의
시가, 소설을 배운 단원의 말미에는 같은 학년 학생의 소설이 실려
있습니다. 교과서 안에 사진과 함께 간단한 프로필까지 담겨 있는 아
이들의 작품을 보고 있으면 아이가 한 사람의 작가로 당당하게 대우
받고 있다는 인상을 받게 되어 부러워지기까지 합니다.

  그렇다고 해서 교과서에 실린 학생들의 작품 수준이 탁월하게 뛰
어난 것은 아닙니다. 그저 그맘때 그만한 아이들이 솔직하게 써 놓은

글을 읽다 보면 나도 모르게 입가에 미소가 번질 따름입니다. 어른이 아이의 글을 읽을 때도 이러한데, 아이가 자기 또래 아이들의 글을 읽을 때면 당연히 그 공감의 깊이와 폭이 다를 것입니다.

'나도 이럴 때 있었는데.'
'이 친구는 이렇게 생각했구나.'
'이런 건 나만 느끼는 감정이 아니었구나!'
'내가 이 친구였다면 어땠을까?'

같은 눈높이에서 몰입하고 공감하면서 때로는 비슷한 주제에 대해 고민하기도 하고, 다른 친구의 표현을 따라 해 보기도 하게 됩니다. 이렇게 같은 눈높이에서 오는 자극은 어떤 훌륭한 저자의 책을 읽었을 때보다 절대 부족하지 않습니다. 굳이 어떤 책에 실린 아이들의 작품이 아니어도 좋습니다. 엄마나 아빠가 예전에 썼던 일기장도 좋고, 형이나 누나가 썼던 글도 훌륭한 책이 될 수 있습니다. 그러니까 앞으로는 학교에서 투박한 제본으로 발행한 아이들의 글 모음집이나 무심코 던져 두었던 각종 백일장 수상작 모음집도 우리 아이에게 유익하게 사용할 수 있겠지요?

08 다양한 매체 자료 읽기

　　'매체 자료(media resources)'란 우리가 살아가는 동안 모든 소통의 과정에서 의미나 정보를 전달하는 데 필요한 여러 분야의 자료들을 뜻합니다. 바꾸어 말하자면 시각 자료, 청각 자료, 영상 자료 등과 같은 것들이지요. 시각 자료로는 사진이나 그림, 표, 그래프 등을 예로 들 수 있고, 청각 자료라면 음성이나 녹음 파일 같은 것을 의미합니다. 하지만 요즘엔 시청각 자료로 주로 영상 자료를 사용하는 경우가 많습니다. 하나의 매체 안에 다양한 기능을 담을 수 있는 효율성 때문입니다. 물론, 이 매체 자료 중에서 쉽게 접할 수 있으면서도 가장 중요한 것은 '문자 언어'입니다. 이러한 매체 자료들은 아이들이 책을 볼 때는 주로 사진이나 그림의 형태로, 기사나 설명글로 접할 때는 표나 그래프 등으로, 그리고 인터넷이나 방송 매체에서는 영상으로 표현됩니다.

다양한 매체 자료들은 책 혹은 글을 읽는 데 있어 독해를 촉진하는 중요한 부분이 됩니다. 글과 관련된 그림이나 사진은 아이들이 그림책을 보던 시절부터 익숙하게 보아 왔으니 별다른 문제가 없다고 하더라도 표나 그래프는 보는 훈련이 필요한 부분입니다. 학교에서 배우는 부분도 있겠지만 신문이나 잡지, 혹은 아이들과 함께 볼 수 있는 다양한 읽을거리 안에서 표와 그래프를 읽는 즐거움도 함께 나누면 좋겠습니다.

청소년 10명 중 7명 '펫팸족'

기자명 정준양   입력 2021.12.02 20:59

엘리트학생복 설문, 82% "반려동물 양육 희망"

엘리트학생복이 펫팸족 증가에 맞춰 반려동물에 대한 청소년들의 인식과 양육 현황을 파악하는 온라인 설문조사를 실시했다. 그 결과 현재 가정에서 반려동물을 키우고 있다고 답한 청소년은 전체의 68%에 달했다. 반려동물 종류로는 '강아지(71%, 복수응답)'와 '고양이(25%)'가 가장 많았고, '물고기(6%)', '햄스터(4%)', '파충류(4%)'도 있었다.

반려동물을 키우지 않는 청소년 가운데 82%는 반려동물 양육을 희망하는 것으로 조사됐다. 이들이 반려동물을 기르지 않는 이유로는 '가족들의 반대(57%)'가 가장 큰 비중을 차지했다.

반려동물 입양 경로 1위는 '가족이나 지인을 통한 분양(37%)'이었다. 그다음으로 '펫샵 분양(27%)' 비율이 높았다. 특히 설문 참여자의 88%는 '앞으로 유기동물을 입양할 생각이 있다'고 답해 눈길을 끌었다. 반려동물과 함께 생활하는 것에 만족한다고 답한 비율도 98%로 높게 나타났다. 반려동물 양육이 미치는 긍정적인 영향으로 절반가량이 '정서적 안정(49%)'을 꼽았다. 이어 '화목한 집안 분위기 조성(34%)'과 '책임감 향상(11%)'이 뒤따랐다. 한편, 청소년들은 가장 이용해 보고 싶은 반려동물 서비스로 '스튜디오 촬영(26%)'을 꼽았다. 반려동물의 질병을 보장하는 '펫 보험(25%)'에 대한 관심도 높았고, '펫 호텔(18%)'·'펫 학교(14%)'·'펫 카페(11%)' 등의 의견도 나왔다.

출처: 소년한국일보
(http://www.kidshankook.kr/news/articleView.html?idxno=1688)
2021년 12월 2일자 기사

그래프의 종류에는 막대그래프, 선그래프, 꺾은선 그래프, 원그래프, 띠그래프와 같은 여러 종류가 있습니다. 각각의 특징에 대해서는 아이들이 학교에서 사회 시간에도, 수학 시간에도, 과학 시간에도 배우게 됩니다. 앞의 어린이 신문 기사에서 보면, 반려동물 분양 경로에 대한 원그래프 자료가 나옵니다. 원그래프는 비교하고자 하는 자료의 수를 백분율로 나타내어 비교할 때 사용하는데, 여론 조사 결과와 같은 통계치를 알기 쉽게 드러내는 데 효과적입니다. 기사를 읽어 보면 가족이나 지인을 통한 분양이 가장 큰 비중을 차지한다는 언급만 되어 있지만, 이 그래프를 보면서 눈에 띄는 사실은 펫샵(애완동물 가게) 이용률이 높다는 점, 그리고 유기동물 입양 비율이 낮다는 점 등이 될 수 있습니다. 그렇다면 펫샵 이용에 따른 문제점도 이야기해 볼 수 있겠고, 반려동물은 유기동물 입양률을 높이는 방향이 되어야 겠다는 전망도 해 볼 수 있겠지요. 이렇게 그래프를 통해 보면 기사에서 강조하는 사실 외에도 자기가 관심을 두고 보고자 하는 부분의 자료 수치를 찾아볼 수 있어서 재미있습니다.

또, 기사문 안에는 반려동물의 종류와 반려동물을 기르지 않는 이유, 반려동물 양육이 미치는 긍정적인 영향, 이용해 보고 싶은 반려동물 서비스 등에 대한 통계 자료가 나와 있습니다. 표나 그래프로 만들어 놓진 않았지만, 원그래프나 막대그래프, 띠그래프로 함께 그려 보는 활동도 재미있을 듯합니다.

지금, 쉽고 간단한 그래프가 포함되어 있는 신문 기사를 찾아 아이와 함께 대화를 나누어 보세요. 글을 이해하고 분석하는 능력이 한 층 도약하게 될 것입니다.

09 복합 수준의 자료 읽기

       오늘날 다양한 매체가 발달하면서 하나의 글 혹은 텍스트 안에 다양한 언어와 기호가 복합적으로 어우러져 의미를 구성하는 사례가 늘고 있습니다. 이런 것을 복합 수준의 자료라는 맥락에서 이야기할 수 있습니다. 사실 아이들에게 가장 익숙한 복합 수준의 자료는 그림책과 애니메이션이라고 할 수 있습니다. 글과 이미지, 또는 소리를 결합하여 만든 그림책이나 애니메이션은 글자는 물론 시각적인 이미지와 소리가 아이들의 독해에 중요한 역할을 담당하기 때문이지요. 학교에 입학하면서 아이들은 복합 수준의 자료로 만들어진 거대한 세상에 한 걸음 더 나아가 노출됩니다. 다양한 매체를 사용해서 소통하는 것이 꼭 필요하고 당연한 능력이라고 여겨지는 현대 사회에서 이는 피할 수 없는 일입니다.

다소 낯설지만 자주 만나게 되는 복합 수준의 자료 유형 중 하나가 바로 설명문입니다. 설명문이라고 하면 정해진 형식에 따라 딱딱하게 설명하는 방식으로 쓰인 글을 떠올리지만 사실 그 안에는 다양한 언어와 기호가 들어 있습니다. 설명문은 우리 주변에서 쉽게 만날 수 있습니다. 그 대표적인 예가 바로 제품의 사용 설명서입니다.

제품 사용 방법

화력 조절 손잡이

밸브

나사식 가스 용기

점화 및 소화

① 화력 조절 손잡이를 반시계 방향으로 돌려 라이터나 성냥으로 버너 헤드를 점화시킵니다.
② 점화가 되면 원하는 화력으로 조절합니다.
③ 소화할 때는 손잡이를 시계 방향으로 돌립니다.
④ 손잡이를 반시계 방향으로 돌리면 화력이 커지고, 시계 방향으로 돌리면 작아집니다.

가스 용기 결합 및 분리 방법

① 화력 조절 손잡이를 시계 방향으로 완전히 돌립니다.
② 가스 용기를 밸브와 수직으로 연결하고 반시계 방향으로 돌립니다.
③ 제품 사용 후 완전히 식은 다음 가스 용기를 시계 방향으로 돌려 분리합니다.

제품 사용시 주의 사항

경고 안전을 위해 반드시 지켜 주세요.

1. 강풍이 부는 곳에서는 사용하지 마십시오.
2. 평평한 바닥에서 사용하십시오.
3. 실내에서 사용할 때는 자주 환기를 하십시오.
4. 자리를 비울 때는 반드시 불이 꺼져 있는지 확인하십시오.
5. 사용 후에는 가스 용기를 분리해서 보관하십시오.
6. 가스가 누설된다고 생각될 때는 바로 사용을 멈추고 가스 용기를 분리한 후 환기를 하십시오.
7. 2대 이상 나란히 사용하지 마십시오.
8. 가구 등 타는 물질이 주변에 없는지 확인하십시오.
9. 제품 전체를 덮는 크기의 용기를 올려 사용하지 마십시오.

제품 사용시 금지 사항

1. 제품의 본래 용도 외에 사용하지 마십시오.
2. 별도의 보조 부품과 연결해 사용하지 마십시오.
3. 제품 위에 석탄이나 숯 등을 올려놓고 사용하지 마십시오.
4. 제품을 사용 중에 이동시키지 마십시오.
5. 제품을 임의로 개조하거나 수리하지 마십시오.

위의 내용은 휴대용 스토브의 설명서입니다. 제품의 구조와 작동법이 글과 그림으로 표현되어 있고, 그 외에 주의사항이 항목별로 간단한 문체로 서술되어 있습니다. 이 제품을 정확하게 알고 사용하기 위해서는 이 설명서에 담긴 글과 그림을 이해해야 합니다. 이렇게 글과 그림으로 이루어진 설명서 외에도 요즘에는 더 많은 매체 자료를 담은 설명서가 늘고 있습니다.

조리법

1. 냄비에 고기와 야채 등을 적당한 크기로 썰어 기름에 잘 볶은 다음 물을 넣고 재료가 완전히 익을 때까지 끓입니다.
2. 불을 약하게 한 후 카레 가루를 넣어 잘 저어 줍니다.
3. 충분히 끓인 다음 밥 위에 얹어 내면 완성됩니다.

원재료명 카레분10.5%[강황(인도산), 코리안더(모로코산), 쿠민, 훼누그릭, 훼넬, 로즈마리, 월계수잎], 밀가루(밀: 미국산/호주산), 덱스트린, 혼합식용유[팜올레인유(말레이시아산), 팜스테아린유(말레이시아산)], 정제소금, 옥수수분, 복합조미식품, 토마토분, 유크림분, 설탕, 비프분말, 효모추출물, 변성전분, 치킨파우더, 조미고추맛분, 매운향신양념, 체다치즈파우더, 강황분(인도산), 조미양념분, 후추분, 과일소스분, 표고버섯엑기스분말, 마늘분

직사광선을 피해 서늘한 곳에 보관하십시오. 개봉 후에는 반드시 밀봉해 주십시오.
부정·불량식품 신고는 국번없이 1399

포장재질 폴리에틸렌(내면)

1 234567 890123

비닐류
OTHER

　　가루로 된 카레 봉지 뒷면에는 이런 설명서를 쉽게 찾아볼 수 있습니다. 설명서에는 요리가 완성된 사진과 조리법, 성분 표시 등이 글로 표기되어 있습니다. 그 외에도 QR 코드가 있어서 광고 영상을

시청할 수도 있습니다. 또, 바코드에는 제품의 제조, 유통, 관리에 관한 정보가 들어 있고 분리수거 표시를 통해 쓰레기 배출 방법도 보여 줍니다. 이렇게 우리 주변의 제품 설명서에는 다양한 정보가 다양한 형태로 나와 있고, 우리는 그 정보를 정확히 읽고 이해함으로써 유익하게 사용해야 합니다. 사실상 현재 우리가 만나는 대부분의 텍스트가 이렇게 복합 수준의 자료라고 할 수 있으니 설명서 하나를 제대로 읽는 것도 복합 수준의 자료를 읽어 내는 중요한 훈련이 될 수 있습니다.

아이와 함께 우리 생활 주변에 있는 간단한 설명서들을 보고, 어떤 제품의 설명서인지 맞히는 게임을 해 보세요.

<문제 1>
• 냄비에 봉지의 내용물 한 봉을 넣습니다.
• 물 150ml를 넣고 잘 풀어 줍니다.
• 불에 올려놓고 잘 저으면서 가열합니다.
• 바닥에 눋지 않도록 잘 저어 주면서 2분간 끓입니다.
  (취향에 따라 우유를 첨가하여 드셔도 좋습니다.)

<문제 2>
• 호흡기와 맞닿는 면체가 오염되지 않았는지 확인합니다.

- 코편이 부착된 쪽을 위로 하여 펼친 다음 코와 입을 가리도록 착용합니다.
- 머리 끈을 귀에 걸어 위치를 고정합니다.
- 틈이 없는지 확인하여 안면에 완전히 밀착되도록 합니다.

정답: 1. 인사말로 수정 2. 오른쪽 마스크

　설명서는 정보를 전달하는 글의 성격을 띠며 이것은 앞으로 다양한 설명문을 읽어 나가는 데 필요한 감각을 키울 수 있으니 즐겁게 놀이처럼 활동해 보기를 권합니다. 설명서를 읽는 것이 익숙해지면 신문이나 잡지에서 재미있는 기사를 함께 읽어 보고 이야기를 나누는 활동으로 자연스럽게 옮겨 가면 좋습니다.

10 필독 도서와 권장 도서 읽기

필독 도서란 '반드시 읽어야 하는 도서'를 말하고, 권장 도서란 '읽기를 권하여 장려하는 도서'를 말합니다. 필독 도서는 정해진 기간에 아이가 읽고 그에 관련된 결과물 제출을 요구하는 경우가 많습니다. 권장 도서는 연령별 혹은 학년별로 신체적, 인지적, 정신적 성장에 필요한 내용을 담은 책들로서 학교나 도서관 및 기타 교육 관련 기관에서 권하는 목록입니다. 모두 다 읽을 수는 없지만, 해당 학년의 아이들이 목록 안에서 책을 골라 읽거나 그 수준에 준하는 책을 선택하여 읽을 수 있도록 하는 지침이 됩니다.

이런 필독 도서와 권장 도서 목록들은 얼른 보면 아이에게 무슨 책을 읽혀야 할지 고민하는 엄마들을 도와주는 것 같습니다. 하지만 그 안으로 조금만 더 들어가 살펴보면 엄마들을 고민스럽게 혹은 혼란스럽게 하는 부분들도 많습니다. 간단하게 생각하자면, 엄마는 각 기관에서 내놓은 권장 도서 목록을 손에 들고 도서관이나 서점에서 책을 구하고, 아이들은 그 책들을 순하게 읽어 주고, 엄마는 아이가 책을 다 읽을 때마다 목록에서 하나씩 지워 간다면 그 과정이 편안해 보일 수도 있을 겁니다.

하지만 그건 상상 속의 일일 뿐입니다. 왜냐하면 여기에는 아이의 목소리가 전혀 들어 있지 않으니까요. 필독 도서는 읽고 독후감을 쓰거나 무언가 결과물을 만들어 내는 것을 강제하는 경우가 있어서 울며 겨자 먹기 식이더라도 계획대로 진행될 수 있을지도 모르겠습니다. 그렇지만 권장 도서는 말 그대로 권장하는 도서일 뿐이어서 책 읽기를 강제로 끌어가기에는 무리가 있습니다. 말 자체에도 권할 뿐이지 의무감을 실어 놓지는 않았으니까요.

아이들은 권장 도서와 필독 도서를 대체로 좋아하지 않습니다. 자신의 선택권이 들어 있지 않기 때문입니다. 권장 도서든 필독 도서든 아이의 입장에서 보면 크게 다를 것이 없습니다. 그렇게 본다면, 권장 도서와 필독 도서의 의미를 다시 생각해 볼 필요가 있겠습니다. 권장 도서는 누구든 정할 수 있습니다. 부모님이나 선생님이 정할 수도, 친구가, 언니나 형이 정할 수도 있습니다. 누구든 아이에게 좋은 책을 권하고 싶은 마음만 있다면 권장 도서 목록은 만들어집니다. 그렇지만 필독 도서 목록은 아이가 직접 정해야 합니다. 필독 도서란 아이가 꼭 읽어야겠다고 스스로 결정한 책이 되어야 합니다. 그렇게 된다면 자유롭고 다양한 권장 도서 안에서 아이는 스스로 필독 도서를 정하고 그 속에 빠져들 날도 오지 않을까요?

11 스스로 선택한 책 읽기

책을 읽는다는 것은 지극히 개인적인 일입니다. 다시 말해 자유로운 상황에서 자신의 선택이 되어야 하는 것이 바로 독서입니다. 책 읽기와 관련해서 저는 자기가 선택한 책들을 끈질기게 읽어 나간 주인공의 이야기를 다룬 두 편의 동화가 떠오릅니다. 바로 『도서관』(사라 스튜어트 저, 시공주니어)과 『책 읽기 좋아하는 할머니』(존 윈치 저, 물구나무)입니다.

『도서관』에는 평생을 책 읽기에 푹 빠져 사는 엘리자베스 할머니의 이야기가 나옵니다. 어린 시절부터 할머니가 될 때까지 책을 읽고 또 읽어 주변이 책으로 쌓은 거대한 성이 될 지경이었지요. 엘리자베스의 유일한 고민은 이제 책이 집 현관까지 가득 차서 더 이상 책을 사들일 수 없다는 것이었어요. 하지만 엘리자베스는 간단한 해결책을 찾아냅니다. 바로 자신의 집을 마을에 헌납해 아예 도서관으로 만들어 버리는 것이었어요. 독자의 입장에서 보면, 오직 책을 읽느라 늙어 버린 엘리자베스의 모습이 한편으론 안쓰럽기도 하고, 다른 한편으로는 부럽기도 합니다. 안쓰러운 것은 엘리자베스가 책 읽기 외에 삶의 다른 즐거움을 누려 보지 못했던 점이고, 부러운 것은 누군가가 시켜서가 아니라 스스로 선택한 책 읽기를 평생을 바쳐 좋아했다는 점입니다.

『책 읽기 좋아하는 할머니』에는 시골 작은 집에 사는, 책 읽기를 아주 좋아하는 할머니가 나옵니다. 할머니는 도시의 소란스러움을 피해 시골로 이사를 왔는데, 집 안에도 집 밖에도 할 일이 아주 많아 계속 바쁘기만 합니다. 봄, 여름, 가을이 지나고 겨울이 깊어져서야 할머니는 마침내 마음껏 책을 읽을 수 있게 되었습니다. 그때는 할머니 주변의 모든 사물과 동물들이 함께 책이라도 읽듯이 곁을 지킵니다. 정말 책을 읽고 싶지만 모든 일을 내려놓고 책 읽기에 빠져 버릴 수 없는 할머니의 모습이 더 현실적으로 다가옵니다. 글이 절제되어 있어 그림 속에 더 빠져들게 되는 할머니 이

야기는 읽고 싶은 책을 마음껏 읽지 못하고 바쁜 일상을 보내는 우리들의 모습 같기도 합니다. 그리고 우리가 평소에 생각지 못하고 있지만, 책 읽기도 우리가 일상에서 그리워하는 일 중에 하나라는 점을 깨닫게 합니다.

두 편의 동화 속에서 주인공들은 인생에서 가장 하고 싶은 일로 책 읽기를 선택하였고, 그 선택은 주인공들을 행복하게 만들어 주었습니다. 우리 아이들도 삶에서 책 읽기가 누군가 시켜서 하는 일이 아니라 자신이 선택한 가장 즐겁고 하고 싶은 것이 된다면 좋겠습니다. 그래서 스스로 읽을 책을 고르고 행복한 미소를 지을 수 있다면 좋겠습니다. 스스로 선택한 책을 읽을 때 아이는 더 행복해질 테니까요.

우리는 지금까지 초등 저학년 아이의 읽기 활동을 도와 문해력을 키울 수 있는 다양한 읽기 전략에 대해 알아보았습니다.

- 아이의 ZPD를 정확하게 파악할 줄 아는 엄마
- 아이에게 필요한 시기에 적절한 도움을 줄 수 있는 엄마
- 쉬운 그림책 읽기부터 늘 함께하는 엄마
- 일상에서 자주 책 읽는 모습을 보여 주는 엄마
- 진심이 담긴 칭찬으로 아이의 자신감을 키워 주는 엄마

이런 엄마의 모습을 다시 한번 떠올려 보세요. 아이의 스키마를 잘 활용하고, 함께 K-W-L 노트를 쓰고, 노래를 부르며 신나게 오감을 자극하면서 아이가 똑똑한 읽기를 할 수 있도록 곁에서 돕는, 기운 넘치는 엄마를 그려 봅니다. 같은 책을 다르게, 다른 책을 같게 읽기도 하고 다양한 유형별·주제별·매체별 책과 자료를 아이가 신나게 읽는 동안 아이보다 바쁘게 도서관을 드나들며 행복한 미소를 짓는 엄마를 응원합니다.

초등 저학년 아이의 '읽기'는 평생의 독서 습관을 만드는 기초 공사에 해당합니다. 초등 저학년 시기에 엄마와 함께 책을 읽으며 나누는 대화와 교감은 아이가 더 넓은 세상에 나가 소통할 수 있는 소중한 자산이 됩니다. 이렇게 엄마와 함께하는 독서 경험들은 앞으로 우리 아이에게 필요한 문해력을 기초부터 차분하고 단단하게 다지도록 해 줄 것입니다.

세상의 모든 엄마와 아이들이 기분 좋은 책 읽기로 즐거운 내일을 상상하게 되기를, 그리고 즐거운 상상이 바로 현실이 되기를 바랍니다.

〈참고 문헌〉

* 소냐 훌트   『책만 읽고 싶어하는 아이』킨더랜드
* 임어진   『이야기 도둑』문학동네
* 앤서니 브라운   『터널』논장
* 패트리샤 폴라코   『할머니의 조각보』미래아이
* 케이트 제닝스   『로켓보이』찰리북
* 로알드 달   『마틸다』시공주니어
* 키무라 유이치   《가부와 메이 이야기 시리즈》아이세움
* J.K. 롤링   《해리포터 시리즈》문학수첩
* 리처드 윌리엄스   『사람을 움직이는 피드백의 힘』글로벌브릿지
* 윤구병   《도토리 계절 그림책 시리즈》보리
* 마해송   『바위나리와 아기별』
* 최승호   『메아리』
* 백석   『개구리네 한솥밥』
* 박문영   『한국을 빛낸 100명의 위인들』
* 권태웅   『오리』
* 정몽주   『단심가』
* 김광섭   『저녁에』
* 사토 와키코   『도깨비를 빨아버린 우리 엄마』한림출판사
* 우르줄라 뵐펠   『심심할 때마다 꺼내 읽는 29가지 별난 이야기』베틀북
* 랑 슈린   『행복한 의자나무』북뱅크
* 윤동주   『봄』,『무얼 먹고 사나』
* 마쓰오카 세이고   『독서의 신』추수밭
* 정민   『책벌레와 메모광』문학동네
* 모니카 페트   『행복한 청소부』풀빛
* 채만식   『왕치와 소새와 개미』다림
* 정하섭   『쇠를 먹는 불가사리』길벗어린이

- 다니엘 페나크　　　『소설처럼』문학과지성사
- 김무곤　　　『종이책 읽기를 권함』더숲
- 채인선　　　『손 큰 할머니의 만두 만들기』, 『내 짝꿍 최영대』재미마주
- 로버트 문치　　　『종이 봉지 공주』비룡소
- 조나단 스위프트　　　『걸리버 여행기』
- 찰스 디킨스　　　『올리버 트위스트』
- 프란치스카 비어만　　　『책 먹는 여우』주니어김영사
- 아놀드 로벨　　　『생쥐수프』, 『개구리와 두꺼비의 사계절』비룡소
- 오브리 데이비스　　　『단추수프』국민서관
- 한국 구전설화　　　『지혜로 호랑이를 잡은 토끼』
- 한국 구전설화　　　『금을 던져 버린 형제 이야기』
- 권정생　　　『눈이 되고 발이 되고』국민서관
- 권혁도 외 그림　　　『세밀화로 그린 보리 어린이 동물도감』보리
- 박목월　　　『다람다람 다람쥐』
- 김영일 작사·박재훈 작곡　　　『다람쥐』
- 한국 전래동화　　　『은혜 갚은 다람쥐』
- 존 버닝햄　　　『네가 만약』, 『깃털 없는 기러기 보르카』비룡소
- 기타무라 사토시　　　『나야? 고양이야?』베틀북
- 권윤덕　　　『시리동동 거미동동』창비
- 전래동요　　　『잘잘잘』
- 위기철　　　『신발 속에 사는 악어』사계절
- 로버트 사부타　　　『신데렐라』, 『이상한 나라의 앨리스』
- 아누크 부아로베르　　　『바다 이야기』, 『나무늘보가 사는 숲에서』보림
- 이상　　　『황소와 도깨비』
- 황순원　　　『산골 아이』, 『골목 안 아이』, 『달과 발』
- 김유정　　　『옥토끼』
- 방정환　　　『만년 셔츠』, 『양초귀신』, 『노래 주머니』, 『칠칠단의 비밀』
- 권정생　　　『강아지똥』길벗어린이
- 이원수　　　『이순신』, 『김구』, 『5월의 노래』, 『메아리 소년』

- 플루타크 『플루타크 영웅전』
- 진 화이트하우스 피터슨 『내게는 소리를 듣지 못하는 여동생이 있습니다』웅진주니어
- 문선이 『양파의 왕따 일기』푸른놀이터
- 트루디 루드위그 『보이지 않는 아이』책과콩나무
- 이영경 『아씨방 일곱 동무』, 『신기한 그림 족자』비룡소
- 장철문 『흰 쥐 이야기』비룡소
- 정병락 『숨 쉬는 항아리』보림
- 김명자 『연아 연아 올라라』보림
- 김향금 『아무도 모를 거야 내가 누군지』보림
- 유애로 『쪽빛을 찾아서』보림
- 김성은 『까치와 소담이의 수수께끼 놀이』사계절
- 정해왕 『복 타러 간 사람』보림
- 최완기 『배무이』보림
- 오츠가 유우조 『수호의 하얀 말』한림출판사
- 인그리 돌레르, 에드거 파린 돌레르 『올라의 모험』비룡소
- 마리 루이스 피츠패트릭 『인디언의 선물』두레아이들
- 러셀 에릭슨 『화요일의 구꺼비』사계절
- 황선미 『고약한 녀석이야』웅진주니어
- 김진완 『마법우산과 소년』미래아이
- 존 세스카 『늑대가 들려주는 아기돼지 삼형제 이야기』보림
- 유진 트리비자스 『아기 늑대 세 마리와 못된 돼지』시공주니어
- 채인선 『토끼와 늑대와 호랑이와 담이와』시공주니어
- 사라 스튜어트 『도서관』시공주니어
- 존 윈치 『책 읽기 좋아하는 할머니』물구나무

언론 기사

- 정준양 『청소년 10명 중 7명 '펫팸족'』소년한국일보 2021.12.2